Für
Erich Leiser

Olga Orange

„Durchgehend warme Küche"

Deftige und leichte Rezepte für den Alltag

Vorspeisen/Snacks

Zitrus-Minze-Salat 6
Olgas Partyteller 9
Sauerkraut-Biersuppe mit Röstbrotecken 11
Spaghetti-Torte 13
Kartoffel-Thymiansuppe 17
Jakobsmuscheln mit Birne, Bohnen und Speck 19
Kräuterseitlinge mit Petersilienöl 20
Pikante Spargelwähe 22
Cappucchino von der Geflügelleberwurst 24
Sashimi vom Lachs 25
Birnen-Selleriesalat mit Champagnerdressing 27
Olgas Hühnchen Tonnato 29
Müllerins "Handkäässüppchen" 31
Olgas überbackene Hessen-Puffer 33
Exotischer Fleischkäsesalat 35
Austernpilze im Bierteig mit Schnittlauch-Knoblauchsauce 37
Mühlradteller 39
Gerdas Kartoffelsalat 43
Juttas Kartoffelsalat mit Hähnchenbrustfilet 44
Olgas Würfel-Pommes 46
Olgas Wirsing-Strudel 49
Olgas salziger Streuselkuchen 51

Hauptspeisen/Beilagen

Sizilianische Sardinen Pasta 54
Ciros fixe Rucola Spaghetti 57
Olgas Pfannkuchenlasagne 59
Schweizer Rösti mit Scampis und Weißweinsauce 63
Apfelwein-Schenkel mit Rosmarin-Salzkartoffeln 65
Fruchtig-pikanter Birnen-Lauchkuchen 66
Schmorbraten mit Biersauce 69
Serviettenknödel 70
Freddys „Hessenschnitzel" 73
Rehkeule mit Rotweinfeigen 75
Olgas halbseidene Kartoffelklöße 77
Karl Oertls Krautsalat 79
Minuten-Steaks mit Zucchini-Pilzgemüse 81
Kraüterrisotto mit Entenbrust 83
Alain's Flammkuchenschnitzel 85
Rotwein-Schmorfleisch 86
Olgas geschabte Spätzle 89
Sauerkraut-Spätzleauflauf 91
Lammrücken am Stück gebraten mit Kartoffeln in Sahne serviert 93
Olgas Tomaten-Butterhühnchen 94
Schweinelende mit Polentatörtchen auf Peperonata 97

Bandnudeln mit gefenchelter Bratwurstsauce 99
Gefülltes Kotelett auf geschmortem Butterkürbis 101
Olgas klassischer Freitags-Fisch 103
Olgas reitendes Bierhähnchen (für 2 Pers.) 105
Schweinemedaillons mit Estragonsauce 107
Olgas Teller-Cheese Burger mit Röstzwiebeln 109
Olgas Grill-Kassler mit Camembertsauce 110
Zitronenhühnchen aus der Folie mit Brokkolireis 112
Putenschnitzel im Knuspermantel mit Orangenreis und Orangen-Pfeffersauce 115

Desserts/Kuchen

Beeren-Baisertraum 119
Olgas Apfel-Nußpastete 120
Vanille-Mohn-Safran-Mousse mit Cassisseekirschen 123
Olgas schnelle Kokostörtchen 125
Zarte Kaffeecreme-Türmchen 127
Baiser-Parfait mit Kompott aus roten Früchten 129
Beschwipste Himbeermousse 131
Olgas kleine Schwarzwälder-Kirschtorte 132
Olgas Karottenkuchen 135
Olgas Schokokuchen 137
Olgas Cornflakes-Knusperkuchen 139
Spanisch-fruchtiger Orangenkuchen 141
Ananas-Kokoskuchen 143

Auf den Hund gekommen (Hundkekse)

Evas Herzileins (Hundekekse) 145
Olgas Thunfisch-Rollen (Hundekekse) 147

Olgas Engelchen kennzeichnet Olgas leichte Rezepte

Alle Rezeptangaben sind, wenn nicht anders angegeben, für vier Personen.

„Servus, Grüezi und Hallo"

Deftiges für kulinarische Draufgänger
und Leichtes für zarte Gemüter.

Wer Olga zum Fressen gern hat,
kommt jetzt voll auf seine Kosten.

Olgas Streifzüge durch die kulinarische Welt und
original hessische Gerichte fürs
originellste hessische Mädche.

Gerichte für die Sie zu Hause Applaus bekommen!

Zum Nachkochen lecker!

Tolle Show und gutes Essen –
daran läßt sich Olga messen!

Zitrus-Minze-Salat

...sauer macht lustig, aber der Salat ist nicht zum Lachen

Eisbergsalat oder
gemischte Blattsalate
1 Orange
1 Zitrone
1 Pampelmuse
4 Zweige Minze

Salatdressing

1 Tl Honig
½ Tl Thymian
1 El Balsamico-Essig
1 El Himbeeressig
2 El Olivenöl
1 Prise Zucker
Salz
Pfeffer

Orange, Zitrone und Pampelmuse filetieren. Salat und Minze waschen und trocknen. Salat mit Fruchtfilets und Minzeblättern auf Tellern anrichten. Für das Dressing alle Zutaten mit einem Schneebesen cremig verrühren und über den Salat tröpfeln.

...auf jede Party gehört 'ne Olga oder Olgas Partyteller!

Olgas Partyteller

Dreierlei gefüllte Eier

10 Eier
200 g Frischkäse
Salz, Pfeffer
2 El gemischte, frische Kräuter
1 Dose Thunfisch
4 Sardellen

Eier hart kochen, halbieren und das Eigelb mit einem Löffel herauslösen. Mit dem Frischkäse zu einer cremigen Masse verrühren und in drei Teile teilen. 1/3 mit gehackten frischen Kräutern vermengen. 1/3 mit gehackten Sardellen und zerkleinertem Thunfisch vermengen. Alle 3 Cremes mit Salz und Pfeffer abschmecken. Die Cremes mit einem Spritzbeutel oder mit zwei Teelöffeln in die Eihälften füllen.

Kartoffel-Knoblauch-Creme

250 g Kartoffeln
2 Knoblauchzehen
3 El Olivenöl, 2 El Zitronensaft
Schnittlauch, Salz

Kartoffeln weich kochen, pellen und noch heiß durch eine Kartoffel- oder Spätzlepresse drücken. Knoblauch durch eine Presse drücken. Schnittlauch in Röllchen schneiden. Alle Zutaten zu einer Creme verrühren.

Kürbiskernquark

250 g Quark, 4 El Kürbiskernöl
1 Knoblauchzehe
Salz, Pfeffer, Thymian

Knoblauch in eine Schüssel pressen. Thymianblättchen abzupfen und fein hacken. Alle Zutaten zu einer feinen Creme verrühren.

Parmesancreme

150 g geriebener Parmesan
150 g weiche Butter
3 El Weisswein
Salz, Pfeffer
Cayennepfeffer

Butter mit Wein geschmeidig rühren. Parmesankäse unterrühren. Mit Salz, Pfeffer und Cayennepfeffer abschmecken.

Die Cremes auf Baguette, Nuss- und anderen Brotscheiben verteilen und auf einer Platte anrichten.

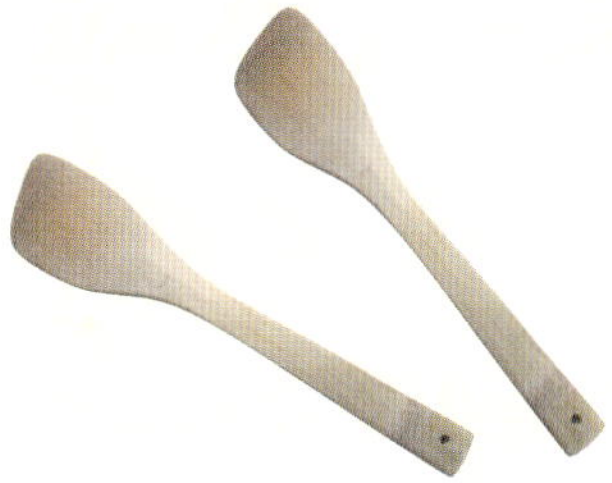

Sauerkraut-Biersuppe mit Röstbrotecken

50 g Schinkenwürfel
1 große Zwiebel
1 Knoblauchzehe
2 große Kartoffeln
2 El brauner Zucker
0,3 l Bier
600 g Sauerkraut aus der Dose
¾ l Gemüsebrühe
1 El Paprikapulver, edelsüß
1 Becher Schmand
einige Kümmelsamen
Salz
Pfeffer

4 Scheiben Roggenbrot

Schinkenwürfel in etwas Butter in einem großen Topf andünsten. Zwiebel und Knoblauch fein hacken. Schinkenwürfel aus dem Topf nehmen, bei Seite stellen und im Bratfett Zwiebel und Knoblauch andünsten. Zucker dazu geben und leicht karamellisieren lassen. Paprikapulver dazu geben. Mit Bier ablöschen. Sauerkrautfäden in kleine Stücke schneiden, Kartoffeln schälen und grob raspeln. Sauerkraut, Kartoffeln, Brühe und Kümmel zum Bier geben und mit geschlossenem Deckel ca. 30 Min. köcheln lassen.

Vor dem Servieren Schmand unterrühren.

Je nach Belieben kurz einen Pürierstab in die Suppe halten, um die Sauerkrautfäden noch mehr zu zerkleinern und eine feinere Konsistenz zu erhalten.

Roggenbrot in Quadrate schneiden, leicht mit Butter bestreichen und in einer Pfanne oder im Toaster rösten. In Dreiecke schneiden und mit der Suppe servieren.

Spaghetti-Torte

- 500 g gekochte Spaghetti
- ½ rote Paprika
- 8 Eier
- 5 El frisch gehackte Kräuter
- 4 Scheiben gekochter Schinken
- 100 g geriebener Gouda
- Salz
- Pfeffer
- Olivenöl

Paprika und Schinken klein schneiden. Eier verquirlen und mit den Spaghetti und den restlichen Zutaten gut vermischen. Öl in einer beschichteten Pfanne sehr heiß werden lassen und die Masse hineinschütten. Glattdrücken und an der Pfanne rütteln, damit die Masse nicht anbackt. Evtl. vorsichtig mit einem Spatel lösen und rütteln.

Auf mittlerer Temperatur ca. 10 Min. weiter braten bis die Eimasse stockt. Torte auf einen großen Topfdeckel stürzen und zurück in die Pfanne gleiten lassen. Noch ca. 4 Min. fertig braten.

Auf einen Servierteller gleiten lassen und in Stücke schneiden.
Mit einem frischen Salat servieren.

Kartoffel-Thymiansuppe

1 kg Kartoffeln
2 El Butter
1 l Gemüsebrühe
1-2 Zwiebeln
1 Bund Thymian
2 Becher Schlagsahne
Muskatnuss
Salz
Pfeffer

Kartoffeln waschen, schälen und in Würfel schneiden. Zwiebeln hacken. In einem Topf Butter erhitzen, darin die Kartoffelwürfel und Zwiebelstücke leicht anrösten, ohne dass die Gemüsestücke braun werden.

Mit Gemüsesuppe aufgießen, Salz, Pfeffer, ½ Bund Thymian dazugeben und die Kartoffeln in 15 – 20 Min. weich kochen. Thymianstängel herausnehmen. Mit einem Stabmixer fein pürieren. Die Suppe durch ein Sieb in einen Topf streichen und die Sahne dazu gießen.

Restliche, abgezupfte Thymianblättchen dazugeben, erhitzen, mit Salz, Pfeffer und ordentlich Muskatnuss abschmecken. Vor dem Servieren noch einmal mit dem Stabmixer aufschäumen.

...die Suppe muß man einfach selber auslöffeln !

Jakobsmuscheln mit Birne, Bohnen und Speck

200 g Prinzessbohnen
2 Birnen
½ Bund Schnittlauch
2 El Sonnenblumenöl
Salz
Pfeffer
1 Prise Zucker
1 große Kartoffel
8 Jakobsmuscheln
4 Tl Kaviar

1 kleine Zwiebel
50 g Speck
1 Tl Butter
Noilly Prat/Wermuth
2 El Weißwein
2 El Birnensaft
2 El Sahne
Bohnenkraut
Salz
Pfeffer

Bohnen in Salzwasser kurz blanchieren. Nebeneinander legen und zurechtschneiden. Birnen in gleich große Würfel zerteilen und kleine Kuhlen in die Würfel schneiden. Schnittlauch mit Sonnenblumenöl, Salz, Zucker und etwas Pfeffer im Mixer fein pürieren. Das grüne Öl in die Birnenaushöhlungen füllen.

Zwei Jakobsmuscheln anbraten und glasig garen. Abschließend beim Anrichten mit einem Löffelchen Kaviar garnieren.

Zwiebeln, Speck und eine klein geschnittene Kartoffel in Butter anschwitzen. Mit Noilly Prat und einem Schluck Weißwein ablöschen und reduzieren. Anschließend mit Geflügelfond auffüllen, danach wieder reduzieren. Dann mit ausreichend Birnensaft und Sahne auffüllen und mit Bohnenkraut, Salz und Pfeffer abschmecken. Pürieren, passieren und nochmals aufkochen, abschmecken und edel anrichten.

Tipp

Eine große Kartoffel in dünne, lange Streifen hobeln, um den Griff eines Schneebesens wickeln und ausfrittieren. Den somit gewonnenen "Kartoffelschlauch" aufrecht auf den Teller stellen und mit einem kleinen Salatstrauß befüllen.

Tipp

Eine Birne der Länge nach in sehr dünne Scheiben schneiden und durch Läuterzucker ziehen. Im Backofen bei kleiner Temperatur mehrere Stunden zu Chips trocknen.

Frische Ideen und tragfähige Rezepte:
Wie in der guten Küche macht auch in der Werbung die Dosierung von Kreativität und handwerklichem Können den richtigen Biss aus. Marketingberatung und Werbemaßnahmen à la minute. Wenn Ideen wie Pilze sprießen, kommt es auf Sachkenntnis und Qualität an.
Verkaufsfördernde Konzepte und Aktionen für den Vertriebserfolg.
Ein kleines Team mit großer Wirkung.
www.die2.org
Werbeagentur die2
Rothschildallee 35 · 60389 Frankfurt · Tel. 069 – 49 87 70 · info@die2.org

Kräuterseitlinge mit Petersilienöl

400 g Kräuterseitlinge
(oder Steinpilze)
1 kleine Knoblauchzehe
½ Bund glatte Petersilie
5 El Olivenöl
1 Tl Butter
Parmesankäse
Grobes Meersalz
Pfeffer

Die Pilze putzen und in Scheiben schneiden. Die Knoblauchzehe häuten und grob hacken. Petersilie waschen, trockenschütteln, Blätter abzupfen und kleinschneiden. Zusammen mit 4 El Olivenöl mit einem Pürierstab möglichst fein mixen. Etwas ziehen lassen, dann Petersilienöl durch ein Sieb filtern und das Öl bei Seite stellen. Parmesankäse mit einem Sparschäler zu Spänen abschneiden.

Restliches Olivenöl mit der Butter in einer großen Pfanne erhitzen.
Pilze in das heiße Öl geben und bei mittlerer Hitze 2 – 3 Min. von jeder Seite hellbraun braten. Knoblauchstücke dazugeben und kurz schwenken. Mit Meesrsalz und Pfeffer würzen.

Pilze auf vorgewärmten Tellern anrichten. Mit Petersilienöl beträufeln und mit Parmesanspänen bestreuen. Dazu Weissbrot servieren.

Pikante Spargelwähe

1 Rolle Blätterteig (oder
eine Packung TK-Blätterteig)
1 kleines Glas Spargelstangen
4 El geriebener Gouda
4-5 Scheiben rohen Schinken
200 ml Sahne
2 Eier
Salz
Pfeffer

Blätterteig ganz oder in vier Portionen auf ein Backblech legen. Rand einen cm umschlagen, mit den Fingen einkneifen, damit später die Füllung nicht herausläuft.

Teig mit einer Gabel mehrmals einstechen. Geriebenen Käse auf dem Teig verteilen. Schinkenscheiben auf den Käse legen und mit Spargelstangen gleichmäßig belegen.
Eier mit Salz, Pfeffer, Cayennepfeffer und Sahne verrühren und über die Spargelwähe gießen.

Bei 220 °C ca. 20 Min. backen bis der Teigrand knusprig ist.

...der Frühling naht mit großen Schritten, w(a)ehe wenn der Spargel wächst!

Cappucchino von der Geflügelleberwurst

350 ml Hühnerbrühe
80 g Geflügelleberwurst
150 ml Sahne
Pfeffer
Cayennepfeffer
Muskat

Hühnerbrühe aufkochen. Leberwurst dazu geben und mit einem Stabmixer sehr fein pürieren. Aufkochen lassen. 100 ml Sahne dazugiessen und mit Pfeffer und Muskat abschmecken. Salz nur dazugeben, wenn Brühe und Wurst nicht ausreichend gewürzt haben.

50 ml Sahne halbfest schlagen.

Suppe in kleinen Tassen oder Gläsern anrichten und mit einem Sahnehäubchen servieren.

... Fleisch im Glas, das macht Spaß,
Fleisch in der Tasse, das ist klasse!

Willkommen im
Best Western Premier IB Hotel Friedberger Warte.

Mit seiner zentralen Lage ist das Best Western Premier IB Hotel Friedberger Warte eine hervorragende Location für geschäftlich oder privat reisende Gäste, die Freundlichkeit und ein hervorragendes Preis-Leistungsverhältnis in einer persönlichen Atmosphäre zu schätzen wissen. Für Ihr leibliches Wohl sorgt Küchendirektor Michael Nehrdich. Interessant: Hier befindet sich die größte Schulungs- und Eventküche Hessens mit zahlreichen Kochkursen, Veranstaltungen u.v.m.

www.ibhotel-frankfurt.bestwestern.de

Best Western Premier IB Hotel Friedberger Warte

Homburger Landstraße 4 · 60389 Frankfurt am Main
Tel. 069 – 76 80 640 · info@ibhotel-frankfurt.bestwestern.de

Sashimi vom Lachs

Sashimi

- 150 g Filet vom Schottischen Lachs

Marinade

- 10 g Ingwer
- 20 g Schalotten
- 100 ml Sojasoße
- 50 ml Mizucan
- 50 ml Mirin
- 20 ml Sake
- 20 g Sesam schwarz
- 20 g Sesam weiß
- 50 g brauner Zucker
- Salz und Pfeffer

Salat

- 20 g Balsamicoessig weiß
- 50 ml Sesamöl
- 10 g Sesam weiß
- Salz, Pfeffer
- Zucker
- 1 Stück Fenchel

Zuerst mit den angegebenen Zutaten die Marinade herstellen. Dann den Lachs in feine Scheiben schneiden und in der Sauce marinieren.

Für den Salat den Fenchel ebenfalls in feine Streifen schneiden. Aus Essig und Sesamöl mit Salz, Pfeffer und Sesam das Dressing für den Salat herstellen und den Fenchel darin einlegen.

Die Lachsscheiben mit wenig Marinade auf einem Teller anrichten und mit etwas Fenchelsalat garnieren.

Birnen-Selleriesalat mit Champagnerdressing

4-6 Stangen Sellerie
2-3 Birnen
3 El Champagneressig
3 El Sonnenblumenöl
Schnittlauch
Salz
Pfeffer
1 Prise Zucker
100 g Cashewkerne

Aus Essig, Öl, Salz und Pfeffer das Champagnerdressing zusammenrühren. Schnittlauch in Röllchen schneiden. Birnen schälen, vierteln, Kerngehäuse entfernen und in feine Streifen schneiden. Sofort unter das Dressing mischen um die Farbe der Birnen zu erhalten.

Selleriestangen putzen, schräg in feine Scheiben schneiden und mit den Schnittlauchröllchen unter die Birnenscheiben mischen.

Salat auf Tellern anrichten und mit Cashewkernen bestreuen.

...geht auch mal ohne Fleisch!

Olgas Hühnchen Tonnato

Hühnchen

- 3 Hähnchenbrüste
- ½ L Gemüsebrühe
- ¼ L Weisswein
- 1 Lorbeerblatt
- 1 Zwiebel
- 1 Wachholderbeere
- 1 Gewürznelke
- 5 Pfefferkörner

Zwiebel grob hacken. Brühe, Zwiebel, Wein und Gewürze in einem Topf aufkochen. Hähnchenbrüste in die heiße Flüssigkeit legen und ca. 15 Min. sieden, nicht kochen lassen.

Hühnchen herausnehmen, abkühlen lassen und in feine Scheiben schneiden.

Thunfischsauce

- 1 Dose Thunfisch
- 200 ml Sonnenblumenöl
- Saft einer Zitrone
- 2 Eigelb
- 2 El Kapern
- 3 Sardellenfilets
- 3-4 El vom Hühnchensud
- Salz
- Pfeffer
- Petersilie

Alle Zutaten bis auf das Öl mit einem Handmixer fein verquirlen. Tropfenweise Öl zufügen bis eine leicht flüssige Sauce entstanden ist. Mit Salz, Pfeffer und Zitrone nochmals abschmecken.

Hühnerbrustscheiben auf Tellern verteilen. Mit Sauce übergießen und mit einigen ganzen Karpern und etwas Petersilie garnieren.

...alles was gaggert und schwimmt, kommt auf Olgas Teller!

Nur ein paar Schritte vom Frankfurter Zoo hängt der Himmel voller Äpfel.
Gegründet 1886 zählt die "Schöne Müllerin" zu den ältesten Apfelweinlokalen Frankfurts. Gestern wie Heute wird im "Künstlertreff" die Kunst gepflegt. den Gast - auch wenn es manchmal nur ein kurzer Augenblick sein kann - sich einfach wohl fühlen zu lassen.
www.schoene-muellerin.de
Zur schönen Müllerin
Baumweg 12 · 60316 Frankfurt am Main · Tel: 069 – 43 20 69
täglich: 16.00 Uhr – 24.00 Uhr, die Küche ist bis 22.30 Uhr geöffnet.

Müllerins "Handkäässüppchen"

100 g durchwachsener Speck
2 Zwiebeln
1 Stange Lauch
2 mittelgroße gekochte Kartoffeln
1 l Rinder-/Gemüsebrühe
2 Handkäse
Salz
Pfeffer
Kümmel
Majoran

Speck und Zwiebeln in feine Würfel schneiden und mit Streifen von Lauch und dem zerdrückten Knoblauch in einer Kasserolle anschwitzen. Dazu in Würfel geschnittene Pellkartoffeln geben und mit Rinderbrühe oder Gemüsebrühe auffüllen.

Mit Salz, frisch gemahlenem Pfeffer und Kümmel sowie etwas Majoran abschmecken. Nach dem Aufkochen den in Würfel geschnittenen Handkäse (er sollte noch etwas fest sein) hinzugeben und in Tassen abfüllen.

Sofort servieren. Die Suppe eignet sich nicht zum nochmaligen Erhitzen.

Olgas herzhafte Busenfreundin

Olgas überbackene Hessenpuffer

Kartoffelpuffer

600 g Kartoffeln
1 Ei
2 El Mehl
1 Tl Salz
Pfeffer
1 El gehackte Petersilie

Käsesauce

50 g Speckwürfel
1 kleine Zwiebel
1 gehäufter El Mehl
200 ml Sahne
3 Handkäse
1 Tl Butter

Kartoffeln schälen und grob reiben. Mit den restlichen Zutaten gut vermengen. Kleine Kartoffelpuffer in heißem Öl goldbraun braten.

Zwiebel schälen und fein würfeln. Mit den Speckwürfeln in Butter anbraten. Mehl dazustreuen und unter Rühren die Sahne dazugießen. Handkäse in kleine Stückchen schneiden und dazugeben. Unter Rühren zu einer cremigen Sauce kochen. Abkühlen lassen und das Ei unterrühren.

Kartoffelpuffer auf ein Backblech legen und mit der Sauce bestreichen. Bei 160 °C ca. 10 Min. überbacken.

Mit einem kleinen Salat servieren.

Exotischer Fleischkäsesalat

500 g Fleischkäse
1 rote Paprika
¼ Ananas
2 Schalotten
1 Tl Butter
1 Tl Curry
1 Becher Schmand
1 Zitrone
glatte Petersilie
Salz
Pfeffer
einige Chiliflocken

Fleischkäse in feine Streifen schneiden. Paprika, Schalotten und Ananas putzen und ebenfalls in feine Scheiben schneiden. Butter in einer kleinen Pfanne schmelzen und das Currypulver kurz anrösten. Petersilie fein hacken. Saft der Zitrone mit Currybutter, Schmand, Salz und Pfeffer verrühren. Alle Zutaten gut vermischen.

Für die besondere Schärfe mit einigen Chiliflocken würzen.

Austernpilze im Bierteig mit Schnittlauch-Knoblauchsauce

Austernpilze

400 g Austernpilze
250 g Mehl
2 Eier
0,25 l Bier
70 g zerlassene Butter
Salz, Pfeffer
Öl zum Ausbacken

Eiweiß mit einer Prise Salz steif schlagen. Mehl, Butter, Eigelb und Bier gut vermengen und das Eiweiß unterheben. Kräftig mit Salz und Pfeffer würzen.

Austernpilze salzen und durch die Bierteigmasse ziehen. Die Pilze in reichlich heißem Öl in einem Topf von beiden Seiten frittieren bis der Teig eine hellbraune, krosse Kruste hat.

Sauce

250 ml Sonnenblumenöl
1 Ei
2 El Weißweinessig
¼ Tl Zucker
½ Tl Salz
1 Tl scharfer Senf
3-4 Knoblauchzehen

Ei, Knoblauch, Essig, Senf und Gewürze mit einem Stabmixer gut vermixen. Tröpfchenweise das Öl zugeben bis eine feine Knoblauchmayonnaise entstanden ist. Nochmals mit Salz abschmecken und klein geschnittenen Schnittlauch unterheben.

Mit Baguette und Rucolasalat servieren.

(Salatvinaigrette: 2 El Essig, 2 El Öl, Salz, Pfeffer, eine Prise Zucker und einen Tl Senf mit einem Schneebesen gründlich vermischen).

Unsere Gasthofbrauerei erfreut sich nicht nur wegen ihrer Bierspezialitäten eines guten Rufes, sondern auch unser Restaurant setzt Maßstäbe. Beliebt durch seinen freundlichen und professionellen Service, geschätzt durch seine erlesene regional geprägte Küche, können Sie hier oberhessische Spezialitäten probieren.

Denn die oberhessische Küche ist wie die Oberhessen selbst: unkompliziert, deftig und – wenn man sich genauer mit ihnen befasst – auch raffinierter, als man zunächst glaubt.

www.hotel-zur-traube.de

Zur Traube

Markt 21 · 63667 Nidda · Tel. 0 60 43 – 40 47 0
Küche täglich: 11.00 Uhr – 14.00 Uhr, 17.00 Uhr – 22.00 Uhr; Wochenende bis 23.00 Uhr

Mühlradteller

100 g Mehl
5 Eier
400 g Paniermehl
1 Bund Petersilie
8 Harzer-Rollen (Handkäse)
1 Metzgerzwiebel
4 große Scheiben Bauernbrot
Salz
Pfeffer

Tipp:
Dazu paßt ein dunkles Marktbräu, welches durch den malzigen Geschmack das Aroma des Handkäses richtig zur Geltung bringt!

Eier mit ein wenig Wasser verrühren. Die Harzer-Rollen in Mehl wenden, danach durch die Eimasse ziehen und in den Semmelbröseln wenden und panieren. Diesen Vorgang 2 mal wiederholen.

Petersilie waschen, Stiele entfernen und in einem Tuch trocknen. Zwiebel schälen, halbieren und in Scheiben schneiden. Brot im Toaster rösten. Panierten Handkäse in der Fritteuse kurz frittieren (ca. 30 – 45 Sekunden). Petersilie ebenfalls in der Fritteuse kurz ausbacken (ca. 10 Sekunden) und danach auf einem Küchentuch abtropfen lassen.

Handkäse auf dem geröstetem Bauernbrot anrichten. Petersilie darüber streuen und mit den Zwiebelringen ausgarnieren. Das Ganze mit grobem Pfeffer würzen.

Vorstellungen:

Mittwoch – Samstag um 19 Uhr
Freitag und Samstag zusätzlich 22 Uhr

Reservierung, Kartenverkauf:

Mo – Sa: 11.00 Uhr – 18.00 Uhr, Tel. 0 61 08 – 75 49 1

Mo – Fr: 11.00 Uhr – 18.00 Uhr direkt in Gerdas kleiner Weltbühne

www.gerdas.de

Leidenschaft, Dramen, Nonsens und Sinnlichkeit! Wenn in Gerdas kleiner Weltbühne das Leben gegen den Strich gebürstet wird, bekommen die alltäglichsten Dinge ein neues Gesicht. Das Travestie-Show-Theater schreibt Geschichte und ist dabei genauso frisch, frech und spritzig wie am ersten Tag.

Gerdas kleine Weltbühne sind keine vier Wände, sondern zwei außergewöhnliche Menschen. Und genau die beiden, Jutta P. und Gerda Ballon, sind diese Weltbühne, mit Haut und Haar, mit Herz und Seele.

Die Passion ist gute, spritzige Unterhaltung!

Olga Orange, heute eine der bestgebuchtesten und virtuosesten Tingelnummern Deutschlands, ist eine Erfindung und Ziehkind von Jutta P.

Gerdas Kartoffelsalat

1 kg kleine Kartoffeln
1 rote Zwiebel
3 El Mayonnaise
1 Becher Schmand
1 El grober Senf
(Rotisseur-Senf)
1 El gehackte Petersilie
1 El Essig
Pfeffer
Salz
2 Scheiben Speck,
ca. 0,5 cm bis 1 cm dick

Kartoffeln waschen und weich kochen. Mayonnaise mit Schmand und Senf verrühren. Mit Pfeffer aus der Mühle würzen. Nach Bedarf mit Salz und Weißweinessig abschmecken.

Kartoffeln schälen, in Hälften oder grobe Stücke schneiden. Mit der Salatsoße und Petersilie vermengen. Auf einer Platte anrichten. Rote Zwiebel in feine Ringe schneiden. Über den Kartoffelsalat drappieren. Schwarte entfernen und Speck in grobe Stücke schneiden. Speckstücke in einer Pfanne knusprig braten und auf Salat und Zwiebeln anrichten.

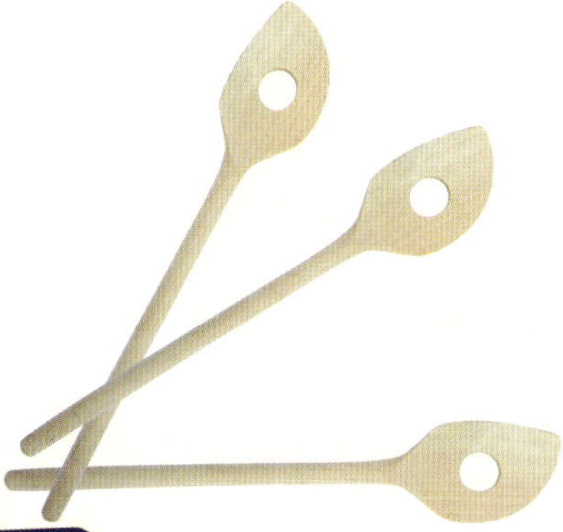

Olgas Freundin Gerda

Juttas Kartoffelsalat mit Hähnchenbrustfilet

Kartoffelsalat

1 kg Kartoffeln
¼ l Instant-Gemüsebrühe
(besser: selber gekocht)
1 kleine, weiße Zwiebel
3 El Weißweinessig
3 El Sonnenblumenöl
Salz
Pfeffer

Hähnchenbrustfilet

2–4 Hähnchenbrustfilets
(½ bis 1 Brust pro Person – je nach Hunger)
Paprika, edelsüß
Pfeffer
¼ l Instant Gemüsebrühe
½ Bund Schnittlauch

Kartoffeln waschen und in reichlich Wasser weich kochen. Zwiebel sehr fein würfeln und in die heisse Gemüsebrühe geben. Kartoffeln schälen, in sehr feine Scheiben schneiden und sofort zur Zwiebel-Gemüsebrühe geben. Das Ganze durchziehen lassen. Mit Essig, Öl, Salz und Pfeffer den Salat lecker anmachen.

Hähnchenbrust mit Paprikapulver und Pfeffer würzen und von allen Seiten kurz anbraten ohne dass eine Bräunung erreicht wird.
¼ l Gemüsebrühe dazugießen und mit geschlossenem Deckel bei kleiner Hitze ca. 10 Min. sanft garziehen lassen.

Hähnchenbrust in Scheiben schneiden, salzen und mit dem Kartoffelsalat auf einem Teller anrichten.

Olgas Freundin Jutta P.

Olgas Würfel-Pommes

4–5 große Kartoffeln
Salz
wenig Öl zum Braten
Aioli, Mayonnaise,
Ketchup nach Belieben

Ein kleiner Snack für faule Stunden, oder die knusprige Beilage zu vielen Gerichten.

Kartoffeln schälen und in ca. 0,5 cm bis 1 cm dicke Scheiben schneiden. Die Scheiben in Stifte schneiden und dann würfeln.

Die Kartoffelwürfel in einer großen Pfanne mit wenig Öl knusprig braten. Immer wieder schwenken, umwenden und rühren bis die Würfel innen weich und außen knusprig sind. Zum Ende der Bratzeit salzen und nochmals in der Pfanne herumwirbeln.

Der Olga-Snack:
Mit Zahnstochern gereicht, zum Dippen in würzige Saucen.

...sonst für Kleinigkeiten nicht zu haben, aber die findet Olga gut!

Olgas Wirsing-Strudel

1 Rolle Blätterteig
200 g Wirsingkohl, abgekocht
500 g Hackfleisch
(gemischt oder Rind)
1 Tl grüne Pfefferkörner
aus dem Glas
½ Bund frische Petersilie
1 Tl getrockneter Bärlauch
2 Tl scharfer Senf
1 Ei
Salz
Pfeffer

1 Eigelb
1 El Milch

Blätterteig ganz auf ein Backblech legen. Mit den weichgekochten Wirsingblättern belegen. Hackfleisch mit den restlichen Zutaten gut vermengen und auf die Wirsingblätter geben. Strudel eng zusammenrollen. Das Teigende mit Wasser oder Ei bestreichen und Rolle verschließen. Oberseite der Teigrolle mit einem Messer kreuzweise leicht einritzen. Ein Eigelb mit 1 Esslöffel Milch verquirlen und die Teigrolle bestreichen. Bei 220 °C ca. 30 Min. backen. In Scheiben schneiden und servieren.

Dazu eine Sauce, gemischt aus ½ Becher Schmand, etwas Pfeffer und 1 Tl grobem Senf (Rotisseursenf) reichen.

Vegetarier trifft Fleischeslust und rollt sich vor Glück

Olgas salziger Streuselkuchen (2 Stück)

Hefeteig

500 g Mehl
1 Beutel Trockenhefe
1 Tl Salz
lauwarmes Wasser

Aus den Zutaten einen weichen Hefeteig kneten. An einem warmen Ort ca. 20 Min. gehen lassen. Hefeteig in zwei Teile trennen und dünn ausrollen. In Kuchenformen legen.

Belag

1 Becher saure Sahne
1 Ei, Salz, Pfeffer
½ Tl Kümmel
50 g Speckwürfel

Saure Sahne mit Ei verquirlen, mit Salz und Pfeffer würzen. Teig damit reichlich bestreichen.

Streusel

3 El Öl
1,5 Tassen Mehl
1 Tl Salz

Für die Streusel das Mehl mit dem Öl und viel Salz zwischen den Fingern zu Streuseln verbröseln. Speckwürfel und Kümmel auf den Kuchen verteilen. Darauf die Streusel streuen.

Bei 200 °C ca. 20 Minuten backen, bis die Streusel hellbraun sind.

Passt wunderbar zu einem Glas Wein oder auch gut zu einer einfachen Kartoffelsuppe.

„verflixt…e scharfe Angelegenheit"

Wer gut essen will,
der muß auch gut kochen.
Denn gutes Essen hält Leib und
Olgas Kostüme beisammen.

www.olgaorange.de

Gut genährt stampft sie durchs Leben,
das Herz hat sie am rechten Fleck.
Die gute Mahlzeit steht daneben,
die Pfunde kriegt sie nicht mehr weg!

Sizilianische Sardinen Pasta

2 El Rosinen
2 El Weisswein
2 El Semmelbrösel
6 El Olivenöl
2 Dosen Sardinen oder Makrelen
1 Knoblauchzehe
2 Schalotten
2 El Tomatenmark
1 Tl Oregano
Salz
Pfeffer
Petersilie, grob gehackt

500 g italienische Pasta

Semmelbrösel in wenig Olivenöl braun rösten. Rosinen in etwas Weisswein einweichen. Zwiebeln in Ölivenöl anschwitzen. Knoblauch, Rosinen und Tomatenmark dazu geben. Mit Weisswein ablöschen. Fisch in groben Stücken dazugeben. Mit Salz, Pfeffer und Oregano würzen.

Nudeln nach Anleitung weich kochen. Sauce mit ca. 6 – 8 Esslöffel Nudelwasser verdünnen. Pasta unter die Sauce mischen. Zum Schluß die Hälfte der gerösteten Semmelbrösel unter die Pasta heben.

Mit Petersilie und Semmelbrösel bestreuen.

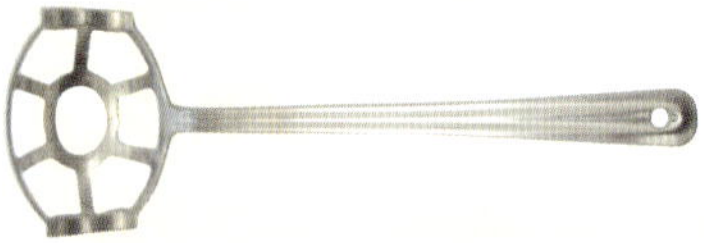

Ciro – der Pizzabäcker
* Ciro – Der Büttenredner
Jede noch so kleine Karnevalssitzung braucht es (und die Großen Sitzungen erst recht).
* Ciro – Auf Ihrer Hochzeit
Vergessen Sie den Zauberer (der ist irgendwann verschwunden), der Humor von Ciro bleibt.
* Ciro – Auf Ihrer Firmenfeier
Reden Sie über Ciro, damit man von Ihnen spricht!
www.der-pizzabaecker.de
Ciro Visone
Tel. 06 07 1 – 3 62 94 · Mobil 0178 – 243 00 80 · info@ciro-visone.de

Ciros fixe Rucola Spaghetti

500 g Spaghetti
1 Bund Rucola
1 Knoblauchzehe
Olivenöl
Parmesankäse
Salz
Pfeffer

Rucola waschen, die festen Stielenden abschneiden und die Blätter in grobe Streifen schneiden.

Spaghetti nach Packungs-Anweisung "aldente" kochen. Vier Suppenteller mit der Knoblauchzehe kräftig ausreiben. Einen Spiegel aus Olivenöl in jeden Teller gießen. Salzen und Pfeffern. Spaghetti in das Öl legen, Rucolastreifen und Parmesankäse darüber geben.

Olgas Pfannkuchenlasagne

Pfannkuchen-Teig

- 250 g Mehl
- 4 Eier
- 500 ml Milch
- 1 Prise Salz
- ½ Tl Oregano
- 50g Butter, zerlassen
- Öl zum Ausbacken

Mehl, Eier, Salz, Oregano und Milch zu einem glatten Teig verrühren. Die zerlassene Butter langsam unterrühren. Pfannkuchenteig etwas ruhen lassen.

Einen Teelöffel Öl in einer kleinen, beschichteten Pfanne erhitzen und dann mit einem kleinen Schöpflöffel wenig Teig durch Schwenken in der Pfanne verteilen. Etwas an der Pfanne rütteln, damit der Pfannkuchen nicht anbackt. Einmal wenden und fertig backen.

Alle Pfannkuchen im Ofen bei 80 °C warm stellen.

Hackfleischsauce

- 500 g Rinderhackfleisch
- 1 Zwiebel, 1 Möhre
- 1 Stange Sellerie
- 2 El Butter, 2 El Olivenöl
- 1 Glas Rotwein
- 2 El Tomatenmark
- ½ l Rinderbrühe,
- 100 ml Sahne
- Salz, Pfeffer, Muskat

Zwiebel, Möhre und Stangensellerie sehr fein würfeln. Gemüse in einem Brattopf in Butter ca. 10 Min. unter Umrühren leicht bräunen. Gemüse aus dem Topf nehmen und bei Seite stellen. Rinderhackfleisch in Olivenöl im Topf unter ständigem Rühren anbraten. Rotwein dazu geben und auf großer Hitze schnell einkochen bis fast alle Flüssigkeit verschwunden ist.

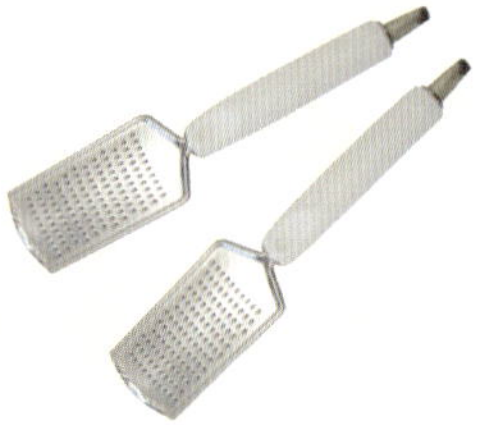

Schmandcreme

1 Becher Schmand
½ Bund Basilikum
Salz, Pfeffer

4 El geriebener Käse
(Gouda, Emmentaler, etc.)

Gemüsebrühe und Tomatenmark zum Fleisch dazugeben und bei kleiner Hitze ca. 45 Min. schmoren. Zum Ende der Schmorzeit Temperatur erhöhen, Sahne dazu gießen und mit Salz, Pfeffer und Muskatnuss abschmecken.

Basilikumblätter abzupfen, klein schneiden und unter den Schmand rühren. Mit Salz und Pfeffer abschmecken.

Einen Pfannkuchen auf einen Teller legen und mit einer Lage Hackfleischsauce bedecken. Tupfer von Schmandsauce daraufgeben. Weiteren Pfannekuchen auflegen und mit Hackfleischsauce und Schmand bedecken.

Ein Stapel von 3–4 Pfannkuchen ergibt eine stattliche Portion.

Mit dem geriebenen Käse bestreuen und servieren.

Jägerhof ist ein Reiter-Turnierhof mit gastronomischen Ambitionen. Sehr idyllisch gelegen im Wald in der Nähe von Biblis in Südhessen.
Das Restaurant hat 60 Sitzplätze und zwei Terrassen, wo Küchenchef Alain Kleinmann aus dem Elsass mit französischem Charme, leckere, gut-bürgerliche Gerichte zaubert.
Zudem gibt es Bankettträume für Gesellschaften von 20 bis 300 Personen. Cateringmanager Marcel Mittag berät gerne und sorgt für Ihr Wohl.
www.tessiner-grill.de
Tessiner Grill
Industriestraße 5 · 63165 Mühlheim am Main · Tel. 0 61 08 – 6 73 39
Do – So: 11.30 Uhr – 14.15 Uhr und 17.30 Uhr – 22.00 Uhr · Sa: 17.30 Uhr – 22.00 Uhr

Schweizer Rösti mit Scampis und Weißweinsauce

Rösti

8 gekochte und 8 rohe Kartoffeln mittlerer Größe, vorwiegend festkochend
Salz, Pfeffer und Muskat

Die Kartoffeln durch die grobe Reibe raspeln und gut vermischen. Mit Salz, Pfeffer und etwas Muskatnuss würzen. Die Kartoffeln nun in einer gut erhitzten Pfanne anbraten und zu einem runden Rösti formen. Das Rösti auf beiden Seiten knusprig braten. Servieren und anrichten auf einem Teller oder in einem Gusseisenpfännchen.

Tipp

Immer ein Rösti nach dem anderen braten und die fertigen Rösti im Ofen warm stellen.

Scampis

800 g rohe geschälte Scampis
500 g Kirschtomaten
1 Bund wilde Petersilie
schwarze Oliven, Knoblauch
Zitrone, Salz, Pfeffer

Die Scampis in Olivenöl fertig braten und am Schluß die gezupfte Petersilie, die Kirschtomaten und die Oliven dazugeben. Abschmecken mit Zitronensaft, gehacktem Knoblauch, Salz und Pfeffer.

Tipp

Die Scampis etwa eine halbe Stunde vorher bereits mit Knobi, Salz, Pfeffer und Zitronensaft marinieren und vor dem Braten mit etwas Mehl bestäuben.

Weißweinsauce

½ l trockener Weißwein
Saft von 2 Zitronen
Salz, Pfeffer
2 Schalotten, Butter

Die Schalotten schälen und in kleine Würfel schneiden, mit der Butter anschwitzen und mit dem Weißwein ablöschen. Zitronensaft dazugeben und einreduzieren lassen. Mit Salz und Pfeffer abschmecken. Die Sauce abbinden – fertig. Die Scampis auf den Röstis gleichmäßig anrichten und die Sauce separat dazu reichen.

Apfelwein-Schenkel mit Rosmarin-Salzkartoffeln

4 Hähnchenschenkel
4 El Mehl
2 große Zwiebeln
4 Äpfel
¼ l Apfelwein
1 Tl Currypulver
1 Lorbeerblatt
2 Gewürznelken

600 g Kartoffeln
2 Tl Salz
4 Zweige Rosmarin
2 Tl Butter

Hähnchenschenkel mit Salz, Pfeffer und Curry würzen. In Mehl wenden und in einem Bräter in etwas Öl von beiden Seiten hellbraun anbraten. Aus dem Topf nehmen und zur Seite stellen. Zwiebeln vierteln, Äpfel schälen, Kerngehäuse entfernen und in Spalten schneiden. Zwiebeln im Bratensatz der Hähnchenschenkel anbraten, Apfelspalten dazugeben. Hähnchen, Lorbeer und Nelken darauf geben und mit Apfelwein übergießen. Bei 180 °C 30 Min. mit geschlossenem Deckel im Backofen garen. Schenkel zur Seite stellen, die Hälfte der Apfel- und Zwiebelstücke aus der Sauce fischen. Restlichen Bratenfond mit einem Pürierstab zerkleinern und Sauce durch ein Sieb geben. Sauce etwas einkochen lassen. Mit Salz und Pfeffer abschmecken.

Kartoffeln schälen und mit den ganzen Rosmarinzweigen in reichlich Salzwasser weich kochen. Abschütten, Rosmarinzweige entfernen und Kartoffeln in Butter schwenken.

...hast du Apfelwein im Glas, machen die Schenkel besonders Spaß!

Fruchtig-pikanter Birnen-Lauchkuchen

Teig

- 125 g Quark
- 5 El Milch
- 5 El Öl
- 200 g Mehl
- ½ Päckchen Backpulver
- Salz

Mehl mit Backpulver mischen. Quark, Milch, Öl und Salz verquirlen und mit einem Handrührgerät unter das Mehl zu einem geschmeidigen Teig kneten.

Teig leicht mit Mehl bestreuen und in eine gebutterte, mehlierte Springform drücken. Teigrand am Springformrand ca. 3 cm hochdrücken.

Belag

- 2 Stangen Lauch
- 2 Birnen
- 2 Eier
- 200 ml Sahne
- Salz
- Pfeffer
- 100 g herzhafter Weichkäse (Munster, Gorgonzola, etc.)
- einige Salbeiblätter

Lauch putzen, in feine Ringe schneiden und waschen. In etwas Öl bei geschlossenem Deckel ca. 10 Min. weichdünsten. Birnen schälen, vierteln, Kerngehäuse entfernen und in Scheiben schneiden.
Eier mit Sahne, Salz und Pfeffer verquirlen. Birnen und Lauch untermischen. In die mit Teig ausgelegte Form geben und mit Käse und Salbeiblättern belegen.

Bei 180 °C ca. 25 Min. backen bis der Kuchen goldbraun ist.
Vor dem Servieren etwas abkühlen lassen.

Schmorbraten mit Biersauce

- 1 kg Rinderbraten
- 6 Scheiben Frühstücksspeck
- 1 Lorbeerblatt
- 1 Wachholderbeere
- 3 Nelken
- 300 ml Bier
- ¼ l Rinderbrühe
- 2 Tomaten
- 3 Zwiebeln
- 1 El Tomatenmark
- 1 Zweig Rosmarin
- 1 Zweig Oregano
- 3 Knoblauchzehen
- 100 g getrocknete Aprikosen
- ¼ Stange Vanille
- Salz
- Pfeffer

Rindfleisch waschen und trockentupfen. Kräftig mit Salz und Pfeffer würzen. In einer Pfanne kurz von allen Seiten scharf anbraten. Speckscheiben in einen Schmortopf oder Römertopf legen. Tomaten und Zwiebeln in grobe Stücke zerteilen und auf den Speck legen. Knoblauch und 4 Aprikosen hacken und mit den Gewürzen in den Topf geben. Fleisch oben auflegen und mit Bier und Fleischbrühe angießen.

Im Backofen mit geschlossenem Deckel ca. 2,5 Std bei 160 °C schmoren.

Nach Ende der Schmorzeit das Fleisch in Alufolie packen und etwas ruhen lassen. Den Schmorfond aus dem Topf durch ein Sieb passieren und bei Bedarf noch etwas einkochen lassen.

Restliche Aprikosen mit der Vanilleschote in etwas Bier einweichen. Vor dem Servieren einmal kurz aufkochen.

Fleisch in dünne Scheiben schneiden und mit der Sauce, Serviettenknödeln und Bier-Vanille-Aprikosen servieren.

Serviettenknödel

...heute nicht zusammengefaltet!

250 g alte Brötchen (5-6 Stück) oder Baguette
1/8 l Milch
100 g Butter
2 Eier
Petersilie
Salz
Pfeffer
Muskat

Klarsichtfolie

Brötchen in kleine Würfel schneiden. 2/3 der Würfel in der Butter anrösten. Milch zum Kochen bringen und über die nicht gerösteten Brotwürfel gießen.

Eier, gehackte Petersilie und geröstete Brötchenwürfel mit der Brot-Milchmischung vermengen. Mit Salz, Muskat und Pfeffer würzen.

Teigmasse zu einer Rolle formen und stramm in ein Stück Klarsichtfolie (ca. 30 cm) einrollen. Enden dieser „Wurst" mit Küchendraht bzw. Faden verschließen.

Wasser in einem großen Topf zum Kochen bringen. Den Knödel ins Wasser geben, dann den Herd auf mittlere Temperatur herunterschalten, sodass das Wasser nur noch siedet. Knödel 30 Min. garen. Knödel aus dem Wasser nehmen, auspacken und in Scheiben schneiden.

Nach Belieben die Scheiben in Butter kurz von beiden Seiten anbraten.

Was ist schon ein Platz an der Sonne gegen eine Sitzgelegenheit in "Freddy's Kartoffelstubb" – der gemütlichen Gaststätte in der Altstadt Neu-Isenburgs.
Egal ob Geburtstag, Betriebsfeier, Erstkommunion,... bei uns können Sie zu jedem Anlass feiern. Auf Anfrage beraten wir Sie individuell um Ihnen und Ihren Gästen schöne Stunden und leckere Speisen zu bescheren. Buffet oder auch à la carte bei kleineren Gesellschaften.
Es ist alles möglich!
www.kartoffelstubb.de
Kartoffelstubb
Ecke Frankfurter/Offenbacher Str. 2 · 63263 Neu-Isenburg · Tel. 0 61 02 – 39 39 4
täglich: 11.30 Uhr – 14.00 Uhr und 18.00 Uhr – 24.00 Uhr

Freddys „Hessenschnitzel"

Bratkartoffel

3 große Pellkartoffeln
50 g Zwiebel
3-4 El Öl
Salz, Pfeffer

Die gepellten Kartoffeln in kleine Scheiben schneiden. Öl in eine Pfanne geben und die feingewürfelte Zwiebel kurz andünsten. Anschließend die Kartoffelscheiben hinzufügen und goldgelb rösten. Mit Salz und Pfeffer abschmecken.

Schnitzel

300 g Schweinerücken
(davon 4 kleine Schnitzel klopfen)
1 Ei
50 g Paniermehl
Öl

Die Schnitzel trockentupfen, salzen, pfeffern und in einem geschlagenen Ei vollständig einlegen und anschließend im Paniermehl auf allen Seiten wenden. Etwas Öl in die Pfanne geben und die Schnitzel (2 pro Portion) auf beiden Seiten goldgelb braten. Die Schnitzel auf zwei feuerfeste Teller legen.

„Hessenmasse"

200 g Handkäs
200 ml Sahne
50 g Dörrfleisch
50 g Zwiebel
1 Tl Mehl

Das gewürfelte Dörrfleisch mit den kleingewürfelten Zwiebeln andünsten, dann mit dem Mehl anschwitzen. Die Sahne dazugießen und kurz aufkochen lassen. Den Handkäs zerkleinern und zu einer cremigen Masse unterrühren. Die Masse über die Schnitzel geben und im Backofen gratinieren. Mit den Bratkartoffeln servieren.

Olgas runder Kartoffelgenuss

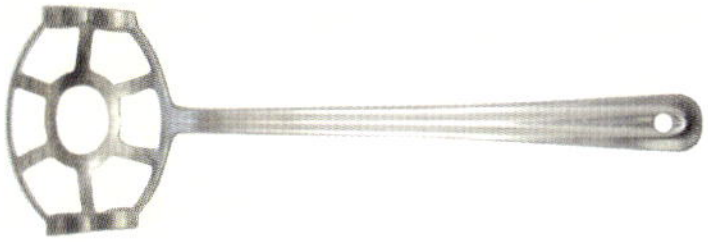

Rehkeule mit Rotweinfeigen

Rehkeule

- 1 Rehkeule (ca. 1500 g)
- 10 Wachholderbeeren
- grobes Meersalz
- ¼ l Rotwein
- 2 Stangen Sellerie
- 1 große Möhre
- 1 Stange Lauch
- 2 Zwiebeln
- 2 Knoblauchzehen
- 1 Lorbeerblatt
- Rapsöl

Rotweinfeigen

- 4 Feigen
- ¼ l Rotwein
- 1 El Zucker
- 1 kleiner Zweig Rosmarin
- 1 Tl Speisestärke

Rehkeule von Haut und Sehnen befreien. Wachholderbeeren zerstoßen. Fleisch mit grobem Salz und Wachholderbeeren kräftig einreiben. In einem Bräter mit etwas Rapsöl von allen Seiten kräftig anbraten. Aus dem Topf nehmen und bei Seite stellen. Gemüse putzen, grob zerkleinern und im Bräter anbraten. Lorbeerblatt und Wein dazugeben. Fleisch auf das Gemüsebett legen und bei geschlossenem Deckel bei 80 °C ca. 3,5 Stunden im Backofen garen. Wenn das Fleisch eine Innenthemperatur von 80 °C (Fleischthermometer) hat ist es gar. Aus dem Ofen nehmen, in Alufolie wickeln und etwas ruhen lassen. Schmorfond durch ein Sieb passieren, bei Bedarf etwas einkochen.

Feigen waschen, Stiele abschneiden und vierteln. Zucker hellbraun karamellisieren und mit Rotwein ablöschen. Rosmarin und Feigenhälften dazugeben. Einmal Aufkochen und bei geschlossenen Deckel 10 Min. ziehen lassen. Im Sud auskühlen lassen. Feigen entnehmen, Stärke in wenig kaltem Wasser anrühren und den Sud damit binden.

Olgas Waidmannsheil !

...hier ist der Name Programm!

Olgas halbseidene Kartoffelklöße

500 g Kartoffeln
1 großes Ei
200 g Kartoffelstärke
Muskat
Salz
2 El Butter
1 Scheibe Toastbrot

Kartoffeln waschen und in reichlich Salzwasser weich kochen, schälen, halbieren und gründlich ausdampfen lassen.
Kartoffeln durch eine Kartoffelpresse oder Spätzlepresse durchdrücken. Den "Kartoffelschnee" nochmals durch die Presse drücken um eine sehr feine Konsistenz zu erzielen. 1 El Butter schmelzen und unter die Kartoffelmasse geben.

Ei mit Kartoffeln und Kartoffelstärke zu einem Teig verarbeiten.
Kräftig mit Muskat und Salz würzen.

Aus dem Toastbrot kleine Würfel schneiden und in 1 El Butter braun anrösten.

Teig zu Kugeln formen, in die Mitte einige Brotwürfel eindrücken und Klöße fertig rollen. In siedendem, nicht kochendem Wasser ca. 20 Min. garen, bis die Klöße oben schwimmen.

Tipp:
Übrig gebliebene Klöße in Scheiben schneiden und in reichlich Butter hellbraun anbraten.

grosser-rat.de/index.php/rednerschule

Karl Oertl

Chef der Rednerschule des großen Rates der Frankfurter Karnevalsvereine

Karl Oertls Krautsalat

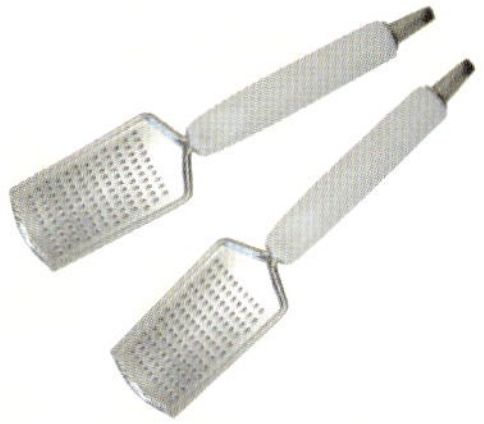

½ Weisskohl
(geputzt, gewaschen
ca. 600 Gramm)
½ Becher Sauerrahm
½ Tl Kümmelsamen
1 Zwiebel
100 g Schinkenwürfel
1-2 El Weissweinessig
Salz
Pfeffer

Ich nehm` mal an in Ihrem Garte
Tut ein Weißkraut auf Verwendung warte
Bekanntlich ist der Krautkopp frisch
Des tun Sie viertele uff dem Tisch
Und hobele die Stücker klein
Grob geschnitte – nicht zu fein.
Jetzt bitte Wasser uff de `Herd
Wenn's kocht – und das ist net verkehrt
Kommt sofort Salz und Pfeffer nei
Und etwas Kümmel muß es sei`
Dazu kommt – Sie gehen da nicht fehl
Ein guter Schuss vom Tafelöl.

Das koche`Sie – so fünf Minute
Jetzt gilt`, nun müsse Sie sich spute`
Und tun das Kraut das Sie geschnitte
In das heiße Wasser – bitte.

Des zieht jetzt durch – soll bissfest bleibe`
Derweil tun Sie `ne Zwiebel reibe`
Die habbe sicher Sie im Haus
Und`s Kraut kimmt aus dem Wasser raus

Den Zwiebelbrei ins Kraut hinein
Das Ganze soll ja schmackhaft sein.
Jetzt gebbe Sie in aller Ruh`
Etwas sau`ren Rahm dazu
Essig – ich wills nicht verhehle`
Darf an dem Krautsalat nicht fehle`
Und wer es gut vertrage` kann
Tut etwas Dörrfleisch in die Pfann`

Gewürfelt in so kleine Brocke`
Tut das dem Kraut ein `Duft entlocke`
Jetzt rühr`n Sie alles paar Mal kräftig
Mit ruhiger Hand – und nicht so heftig
Und nach der letzten Löffelrunde
Führ`n Sie etwas Kraut zum Munde.

Kann sein es schmeckt noch etwas lasch
Dann greife` Sie zur Essigflasch`.
Wenn Salz fehlt sind das kei` Probleme
Worauf man eine Prise nehme
Ich esse in Gedanke mit
Und wünsche: Guten Appetit

Ihrn Karl Oertl

Minuten-Steaks mit Zucchini-Pilzgemüse

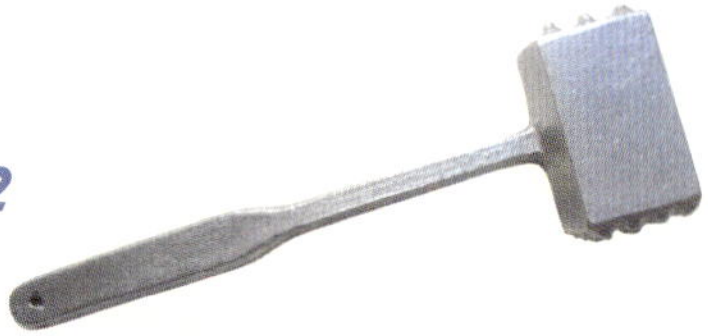

Steaks

8 Schweine-Minuten-Steaks
(kleine Schweineschnitzelchen)

Sauce

2 Zucchinis
250 g Champignons
1 kleine Zwiebel
1 Knoblauchzehe
etwas Thymian
(frisch oder getrocknet)
100 ml Sahne
200 ml Gemüsebrühe
Pfeffer
Salz
1 Tl Speisestärke

Zwiebel klein hacken und sanft in einer Pfanne mit etwas Öl andünsten. Zucchini und Pilze in Scheiben schneiden und dazugeben. Knoblauchzehe pressen und zum Gemüse geben. Einige Min. anbraten, dann Gemüsebrühe und Sahne dazugießen. Ca. 5 Min. weiter schmurgeln lassen. Für die Bindung einfach Speisestärke mit wenig Wasser anrühren und zum Gemüse geben, umrühren.

Schweinesteaks mit Salz und Pfeffer würzen. Mit etwas Mehl bestäuben und von beiden Seiten ca. 2 Min. braten. Das Mehl gibt den Steaks eine leichte Kruste.

Steaks mit der Gemüsesauce auf Tellern anrichten. Als Beilage kann z.B. Reis, Olgas Würfel-Pommes oder frisches Brot serviert werden.

Kräuterrisotto mit Entenbrust

Risotto

- 2 Tassen Risottoreis
- 1 Zwiebel, 1 El Butter
- 1 Tasse Weisswein
- ca. ¾ l Gemüsebrühe
- 2 El geriebener Parmesankäse
- Salz, Pfeffer

Zwiebeln sehr klein würfeln und in Butter anschwitzen. Risottoreis (kann auch mit Milchreis gemacht werden) dazugeben und weiter kurz anschwitzen. Mit Weisswein ablöschen und umrühren.

Ca. 20 Min. immer wieder etwas Gemüsebrühe nachgießen und immer wieder umrühren bis der Reis gar ist. Parmesankäse unterrühren, Kräuter unterheben. Mit Salz und Pfeffer würzen.

Entenbrust

- 2–3 Entenbrüste (je nach Appetit)
- 1 El Olivenöl
- 2 Tl Honig
- Salz, Pfeffer
- 1 Tl „Rote Beeren" (rote Pfefferkörner)
- Einige Chilifäden

Die Haut der Entenbrust kreuzweise einschneiden. Mit Pfeffer würzen. In Olivenöl von jeder Seite 2 Min. anbraten. Hautseite mit Honig bestreichen und im vorgeheizten Backofen bei 180 °C 10 Min. fertig rosa garen. Soll die Brust durchgegart sein, etwas länger im Ofen lassen. Entenbrust in Alufolie (glänzende Seite innen) einpacken und 5 Min. ruhen lassen.

Reis auf Tellern anrichten, Entenbrust schräg in Scheiben schneiden, salzen und auf das Risotto legen. Mit roten Beeren und Chili-Fäden garnieren.

Jägerhof ist ein Reiter-Turnierhof mit gastronomischen Ambitionen. Sehr idyllisch gelegen im Wald in der Nähe von Biblis in Südhessen.

Das Restaurant hat 60 Sitzplätze und zwei Terrassen, wo Küchenchef Alain Kleinmann aus dem Elsass mit französischem Charme, leckere, gut-bürgerliche Gerichte zaubert.

Zudem gibt es Banketträume für Gesellschaften von 20 bis 300 Personen. Cateringmanager Marcel Mittag berät gerne und sorgt für Ihr Wohl.

www.jaegerhof-biblis.de

Zum Jägerhof

Außerhalb 8 · 68647 Biblis · Tel. 0 62 45 – 29 91 73
Mi–Sa: 17.00 Uhr – 23.00 Uhr · So+Feiertage: 11.00 Uhr – 23.00 Uhr · Mo+Di: Ruhetag

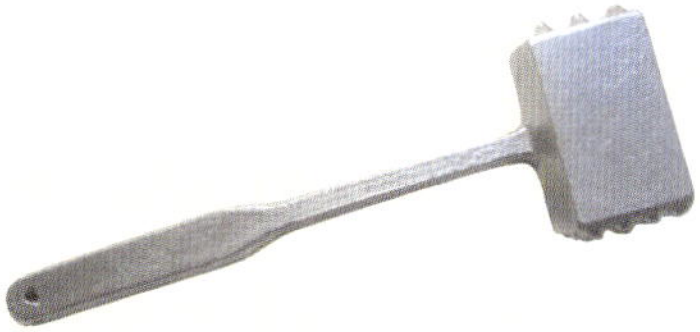

Alain's Flammkuchenschnitzel

- 4 Schweineschnitzel à 180 g
- 200 g Creme Fraiche
- 350 g Quark 40 %
- Salz, Pfeffer
- Muskatnuss
- 100 g geriebener Emmentaler
- 80 g Dörrfleisch
- 20 g Mehl
- Fett zum Braten
- 200 g Zwiebeln, geschält
- Zucker, Butter

Tipp:
Mit Puten, Kalb- oder Hähnchenschnitzel auch sehr lecker.

Creme Fraiche, Quark und Mehl glattrühren und mit Salz, Pfeffer und Muskatnuss gut würzen.

Zwiebeln in dünne Ringe schneiden und in Butter mit Salz und Zucker glasig dünsten. Dörrfleisch in Stifte schneiden.

Grill vom Backofen einschalten. Die Schweineschnitzel dünn plattieren und mit Salz und Pfeffer würzen. Schnitzel in einer Pfanne von beiden Seiten kurz braten. Die vier Schweineschnitzel nebeneinander auf ein Backblech legen. Schnitzel mit der Quarkmasse bestreichen, dann die Zwiebelringe, den Käse und das Dörrfleisch darauf geben.

Backblech in die oberste Schiene des Grills schieben und die Schnitzel goldgelb überbacken. Sofort servieren.

Als Beilage passt Feldsalat, Bandnudeln oder Röstkartoffeln.

Olgas genussvolle Landpartie

Rotwein-Schmorfleisch

1,5 kg Rinderschmorbraten
3 Zwiebeln
3 Knoblauchzehen
1 Flasche trockener Rotwein
1 Lorbeerblatt
1 Zweig Rosmarin
einige schwarze Oliven
1 Tl Paprikapulver, edelsüß
½ Tl Kreuzkümmel, gemahlen
oder zerstossen
3 El Balsamico
2 Zweige Thymian
Salz
Pfeffer
200 ml Sahne
2 El Cognac

Rindfleisch in sehr große Würfel schneiden. Zwiebeln würfeln, Knoblauch und Oliven fein hacken. Fleischwürfel mit Pfeffer würzen und in einem Bräter mit etwas Öl von allen Seiten gut anbraten. Fleisch aus dem Topf nehmen und zur Seite stellen. Zwiebeln in den Topf geben und 3 Min. auf starker Hitze unter Umrühren anrösten.

Paprikapulver, Kreuzkümmel und Knoblauch dazugeben und kurz mitrösten. Kräuter und Oliven dazugeben, mit dem Essig ablöschen. Mit ½ Flasche Rotwein auffüllen und bei geschlossenem Deckel bei niedriger Hitze schmoren lassen. Restlichen Rotwein angießen und weitere ca. 60 – 90 Min. schmoren. Sahne zugießen, Cognac mit etwas Speisestärke verrühren, dazugießen, umrühren und noch einmal kurz aufkochen lassen.

Mit Weißbrot, Bandnudeln oder Spätzle servieren.

Olgas geschabte Spätzle

500 g Mehl
5 Eier
½ Tasse Wasser
½ Tl Salz

Alle Zutaten werden in einer Schüssel vermengt und mit einem Kochlöffel geschlagen, bis der Teig Blasen wirft. Mit dem Handrührgerät geht es natürlich auch. Wenn der Teig langsam und zäh vom Kochlöffel fließt ohne zu reißen hat er die richtige Konsistenz. Andernfalls mehr Wasser oder Mehl dazugeben.

Wasser mit Salz in einem großen Topf zum Kochen bringen.

Etwas Teig auf ein nasses Holzbrett streichen. Mit dem geraden Messerrücken eines großen Messers mit schnellen Bewegungen kleine Streifen ins heiße Wasser schaben. Wenn die Spätzle oben schwimmen sind sie gar. Mit einem Schaumlöffel aus dem Wasser heben, in einer Schüssel mit etwas Butter zwischenparken und weitere Portionen zubereiten. Vor dem Servieren kann man die Spätzle in einer Pfanne zusätzlich anbraten und anrichten.

Schaben ist Schwabenstress!

Sauerkraut-Spätzleauflauf

600 g Spätzle
200 g Sauerkraut
100 g Schinkenwürfel
½ Tl Kümmel
200 g geriebener Käse
100 ml Sahne
Salz
Pfeffer

Spätzle zubereiten. Sauerkraut nach Vorschrift weich kochen oder in der Mikrowelle ca. 3 Min. in etwas Wasser weich dünsten.

In eine gebutterte Auflaufform oder kleinere Portionsförmchen schichtweise Spätzle, Sauerkraut, Schinkenwürfel, Käse schichten.
Jeweils mit Salz, Pfeffer und Kümmel würzen.
Zum Schluß mit Käse bestreuen und mit Sahne übergießen.

Bei 160 °C ca. 30 Min. backen.

Olga sorgt immer für große Aufläufe!

Aus der Region für die Region –
eintreten und sich wohl fühlen ist unsere Devise
Das Restaurant „Jägerstube" legt großen Wert auf die Verwendung regionaler Produkte, die ausschließlich aus dem Vogelsberg, der Rhön und der nahen Umgebung stammen. Veredelt durch die Kunst der Köche entstehen neben bekannten Speisen unzählige neue, phantasievolle Gerichte und Menüs, die Sie begeistern werden. Die gemütliche Gaststube im Jägerhof ist der zentrale Treffpunkt des Hauses und bietet reichlich Kurzweile und Spaß.
www.jaegerhof-maar.de
Landgasthaus Jägerhof
Hauptstraße 9 · 36341 Lauterbach · Tel: 0 66 41 – 9 65 60
täglich: 09.00 Uhr – 24.00 Uhr, die Küche ist bis 22.00 Uhr geöffnet.

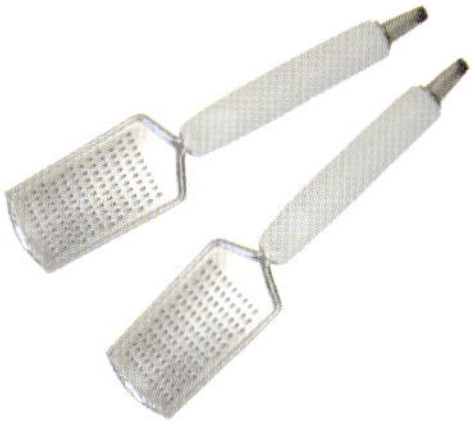

Lammrücken am Stück gebraten, mit Kartoffeln in Sahne serviert

Lammrücken

- 1000 g Lammrücken mit Knochen
- (4 x das Teil vom Stielkotelett)
- Rosmarin, Salz, Pfeffer
- Knoblauch
- 100 g Buttaris

Den Lammrücken mit Rosmarin und Knoblauch, Salz und Pfeffer aus der Mühle würzen. Auf der Fleischseite ca. 3 – 4 Min. anbraten. Im Backofen bei ca. 150 °C – 10 Min. weiter garen.

Kartoffelfächer

- 600 g geschälte rohe Kartoffeln
- 50 g Butter zum Ausfetten der Form
- ¼ l Sahne
- Salz, Pfeffer
- etwas Knoblauch fein zerrieben

Kartoffeln in dünne Scheiben schneiden und als Kartoffelfächer in die gebutterte Form setzen. Sahne salzen, pfeffern und den zerriebenen Knoblauch unterrühren. Die Form mit der gewürzten Sahne auffüllen und im Backofen bei 180 °C ca. ½ Stunde garen.

Wer Parmesan mag, kann einen Teelöffel Käse unter die Sahne geben.

Olgas Tomaten-Butterhühnchen

Marinade

1 Tl Cayennepfeffer
1 Tl gehackter Ingwer
1 Tl gehackter Knoblauch
2 Becher Joghurt

4 Hühnchenbrüste

Zutaten für die Marinade verrühren. Hühnchen in Würfel schneiden und in der Marinade 1 – 2 Stunden ziehen lassen.

Hähnchen aus der Marinade nehmen und im Backofen auf Backpapier bei 180 °C 20 – 25 Min. garen.

Sauce

80 g Butter
½ Tl Kreuzkümmel
2 Dosen Tomaten
1 Tl Zucker
200 ml Sahne
½ Tl Chillipulver
1 ½ Tl Salz
½ El getrocknete Bockshornkleeblätter (oder zerstoßenen Bockshornklee-Samen)

Die getrockneten Bockshornkleeblätter zerbröseln und in etwas Wasser ca. 15 Min. einweichen. Die Butter in einem Topf schmelzen lassen. Kreuzkümmel zerstoßen und dazu geben, rösten und umrühren.
Die Tomaten dazu schütten und die Stücke fein zerkleinern. Zucker, Chillipulver und Salz dazu geben. Alles schön durchmischen und auf kleiner Flamme so lange köcheln lassen, bis das Hühnchen aus dem Ofen kommt. Sahne und Hühnchenwürfel dazu geben.
Bockshornklee auswringen, klein hacken, dazu geben und kurz mitkochen.

Mit Reis servieren.

...mit guter Butter wie bei Olgas Mutter!

Italienische KochWorkshops mit Partyflair!
Kulinarische Abende unter fachlicher Anleitung. In netter Atmosphäre wird gekocht und getafelt, mit Spaß und Lebensfreude, Tipps und Tricks. Inspirationen zu noch mehr Spaß am täglichen Kochen und Genießen.
* Familienfeier
* Geburtstagsfeier
* Weihnachtsfeier
* Firmen- oder Team-Events
Silvia Haupt berät Sie gerne!
www.kochvergnuegen.com
Kochvergnügen
Showroom: Günthersburgallee 38 a / Hinterhaus, 60316 Frankfurt
Tel. 069 – 51 06 68 · silvia.haupt@kochvergnuegen.com

Schweinelende mit Polentatörtchen auf Peperonata

1 Schweinelende (500-600 g)
5 El dunkler Balsamico
1 El Akazienhonig
½ El grüner, getrockneter Pfeffer
1 Knoblauchzehe, fein gehackt

Knoblauch mit Balsamico, Honig und zerstoßenem Pfeffer in einer Schüssel vermischen und die Lende ca. 1 Std. in der Sauce marinieren. Lende von allen Seiten ca. 30 Sek. scharf anbraten. In Alufolie wickeln und im Backofen 40 Min. bei 120 °C weiter garen. Marinade etwas einkochen und als Sauce servieren.

250 g Polenta (Maisgrieß)
1 El frische, gehackte Kräuter
1 kleine Zwiebel, ½ l Wasser,
50 g Butter, Salz

Zwiebel fein hacken, in 20 g Butter anbraten. Wasser mit Salz zum Kochen bringen. Butter und die fein gehackten Kräuter hineingeben und die Polenta unter ständigem Rühren einrieseln lassen. Zwiebel dazu geben und solange kochen bis ein Brei entstanden ist. Die Konsistenz soll nicht flüssig sein. Muffinförmchen mit Butter einfetten, mit der Polenta füllen und glatt streichen. Polenta bei 200 °C ca. 30 Min. überbacken.

1 gelbe Paprika, klein geschnitten
1 rote Paprika, klein geschnitten
1 Selleriestange, klein geschnitten
1 klein gehackte Zwiebel
1 klein gehackte Knoblauchzehe
1 El Olivenöl
1 El Weißweinessig
1 El Honig
1 El Rosinen
1 El Tomatenmark
Basilikum
Salz, Pfeffer

Honig und Essig verrühren, Rosinen darin einweichen. Zwiebel und Knoblauch in Olivenöl kurz anschwitzen. Gemüse zu den Zwiebeln geben. Tomatenmark hinzufügen und weiter schmoren. Nach 30 Min. die Rosinen hinzugeben und 30 Min. schmoren. Dann salzen und pfeffern. Zum Schluß Basilikumblätter untermischen.

Bandnudeln mit gefenchelter Bratwurstsauce

Bratwurstsauce

- 4 grobe Bratwürste
- 1 Tl Fenchelsamen
- 3 Schalotten
- 1 Knoblauchzehe
- 1 Lorbeerblatt
- 1 Prise Zucker
- 2 Dosen Tomaten
- Salz
- Pfeffer
- 1 Glas Rotwein

Beilage

- 500 g breite Bandnudeln

Zwiebeln und Knoblauch fein hacken. In etwas Öl andünsten. Bratwürste von der Haut befreien und Bratwurstfüllung in grobe Stücke zerteilen. Zu den Zwiebeln geben und anbraten. Beim Braten weiter zerkleinern. Fenchelsamen grob zerstoßen, dazugeben und mit einer Prise Zucker kurz mitrösten. Rotwein und Lorbeerblatt dazugeben und etwas einkochen lassen. Dosentomaten dazu geben und ca. 15 Min. leicht köcheln lassen.

Bandnudeln weich kochen, in Butter schwenken und mit der Sauce anrichten.

Sonst auf dem Grill, heute in der Sauce
Fenchel küßt Bratwurst

„Gebabbelt, gehockt, gedrungge unn guud gesse"
Die „Friedberger Warte" mit ihrem berühmten Turm ist ein traditionelles Bier- und Apfelwein-lokal, gemütlich mit viel Holz und traditionel-lem Mobiliar eingerichtet, sowie einem urigen Innenhof mit schattigen Bäumen.
In den alten Gemäuern aus dem Jahre 1478 wird heute traditionelle Frankfurter Küche zeitgemäß interpretiert.
info@friedbergerwarte.de
www.friedbergerwarte.de
Friedberger Warte
Friedberger Landstraße 414 · 60389 Frankfurt · Tel. 069 – 59 24 65
Mo – Fr: 17.00 Uhr – 23.00 Uhr · Sa, So und an Feiertagen 12.00 Uhr – 23.00 Uhr

Gefülltes Kotelett auf geschmortem Butterkürbis

4 Schweine-Koteletts à 180g
1,5 kg Butterkürbis
1 große Zwiebel
1-2 Liter Weißwein
(je nach Bedarf)
ca. 30 g Curry
1 Stück Apfel
(Im Sommer Gravensteiner,
im Winter Roter Boskop)
2 kleine rote Zwiebeln
Salz, Pfeffer, Zucker

Den Kürbis dünn schälen, halbieren und das Kerngehäuse entfernen. Kürbis und Zwiebel in 1 bis 2 cm große Stücke würfeln. Etwas Öl in einen Topf geben und das Currypulver hinzufügen, kurz anschwitzen lassen, damit sich das Aroma entfalten kann. Nun Kürbis- und Zwiebelwürfel hinzugeben und gut anbraten. Mit Weißwein ablöschen und ca. 10 – 15 Min. köcheln lassen, mit Salz, Pfeffer und Zucker abschmecken.

Fettdeckel der Koteletts leicht einritzen und längs eine Tasche in die Koteletts schneiden. Apfel und Zwiebel schälen und in Spalten schneiden. Beides in Butter farblos anschwitzen. Nun salzen und pfeffern.
Die Mischung abkühlen lassen. Koteletts beidseitig salzen und pfeffern. Die Apfelmischung in die Koteletts füllen und mit einem Zahnstocher verschließen. Koteletts von beiden Seiten scharf anbraten. Dann noch fünf bis zehn Min. im Backofen bei ca. 180 °C fertiggaren. Wenn die Koteletts gar sind, Zahnstocher entfernen und mit dem geschmorten Kürbis anrichten.

Hier wartet Olga gerne

Olgas klassischer Freitagsfisch

Kartoffeln

20–25 kleine runde Kartoffeln
100 g Butter
Salz
½ Bund glatte Petersilie

Kartoffeln schälen und in reichlich Salzwasser ca. 20 Min. weich kochen. Wasser abgießen. Die Butter dazugeben, salzen und die Kartoffeln in der Butter schwenken bis sie ganz mit Butter benetzt sind. Petersilie kleinhacken und unterheben/schwenken.

Fischfilets

4 Kabeljaufilets
Mehl
1 Zitrone
Semmelbrösel
1 Ei, 2 El Wasser
Salz, Pfeffer

Fischfilets mit Salz und Pfeffer würzen. Mit dem Saft einer ½ Zitrone beträufeln. In Mehl wenden. Ei mit Wasser verquirlen. Fisch durch die Eimasse ziehen, in den Semmelbröseln wenden und panieren.

Sonnenblumenöl in einer Pfanne erhitzen und die Filets auf mittlerer Hitze knusprigbraun braten.

Joghurt-Remoulade

3 El Mayonnaise
5 El Joghurt
2 hartgekochte Eier
1 El Kapern
3–4 saure Gürkchen
(kleine Cornichons)
Salz, Pfeffer
1 El gemischte, gehackte, frische Kräuter
2 Spritzer Worcestersauce

Eier, Gürkchen und Karpern kleinhacken. Alle Saucen-Zutaten zu einer feinen, glatten Sauce verrühren.

Auf vorgewärmten Tellern anrichten und mit Zitronenschnitzen und Petersilie garnieren.

pyrex

Olgas reitendes Bierhähnchen (für 2 Personen)

Bierhähnchen

1 Brathähnchen (ca. 1,2 kg)
1 Zwiebel
2 Knoblauchzehen
1 Zweig Rosmarin
2 Tl Paprikapulver, edelsüß
½ Tl Cayennepfeffer
2 El Sonnenblumenöl
1 Tl Salz
½ Tl Pfeffer
125 ml Bier

Beilage

4 - 8 Kartoffeln
2 Zwiebeln

Das Hähnchen waschen und trocken tupfen. Außen mit Salz, Paprika und Pfeffer würzen. Bierflasche sehr gut abwaschen oder Etikett entfernen. Dann Bierflasche zur Hälfte leeren – ein guter Schluck ist Olga in der Küchenhektik immer willkommen.

Zwiebel und Knoblauch klein schneiden. Restliche Gewürze, Rosmarin, Öl, Zwiebeln und Knoblauch gnadenlos in den Flaschenhals zum Bier reinstopfen. Dem Hähnchen den Hals mit Zahnstocher oder Faden verschließen und auf die Bierflasche stecken. Das reitende Bierflaschenhähnchen in eine Auflaufform stellen und auf den Rost stellen. Etwas Öl und etwas Bier in die Form gießen. Kartoffeln und Zwiebeln schälen. Kartoffeln je nach Größe ganz oder in groben Stücken, Zwiebel in Vierteln um das reitende Huhn verteilen.

Auflaufform auf den untersten Rost setzen und Bierflaschenhähnchen bei 180 °C im vorgeheizten Backofen 50 Min. braten.

Was so alles reiten kann!

Schweinemedaillons mit Estragonsauce

Medaillons

- 8 Schweinemedaillons
- 8 Scheiben Bacon/ Frühstücksspeck
- Salz, Pfeffer

Aus einem Schweinefilet 8 ca. 3 cm breite Stücke schneiden. Mit Speck umwickeln und mit einem Zahnstocher feststecken. Medaillons mit Pfeffer würzen, von jeder Seite ca. 3 – 4 Min. braten, dann in Alufolie gewickelt warmstellen.

Estragonsauce

- 1/8 l Fleischbrühe
- 6 El Weisswein
- 100 ml Sahne
- 2 El gehackte frische Estragonblätter
- ½ Tl Senf

Bratenfond aus der Pfanne mit Brühe und Weißwein ablöschen. Etwas einkochen lassen. Sahne, Senf und Estragonblätter dazugeben und weiter reduzieren. Dann mit Salz und Pfeffer abschmecken.

Fleisch salzen, auf Tellern mit der Sauce anrichten. Als Beilage feine, in Butter geschwenkte Bandnudeln servieren.

Olgas Teller-Cheese Burger mit Röstzwiebeln

Burger

- 1 kg Rinderhackfleisch
- 1 Fladenbrot
- 2 Zwiebeln
- 4 Tomaten
- 4 saure Gurken
- 4 Scheiben Käse (Gouda, Emmentaler, etc.)
- Salz
- Pfeffer
- Dijon Senf
- Ketchup
- Mayonnaise
- weitere Würzsaucen nach Belieben

Hackfleisch mit Salz und Pfeffer würzen und in einer Schüssel gut verkneten. Das Fleisch zu 8 Steaks formen und fest zusammenpressen - einfach geht's mit einem Servierring aus Edelstahl.

Zwiebeln und Tomaten in feine Ringe schneiden. Tomaten und Gewürzgurken auf Tellern anrichten. Je ¼ Fladenbrot im Backofen kross grillen und auf den Teller legen. Zwiebeln in einer Pfanne mit wenig Öl bei mittlerer Hitze weichbraten. Hacksteaks auf der einen Seite ca. 2–3 Min. braten. Umdrehen und mit einer ½ Scheibe Käse belegen. Andere Seite ebenfalls 2–3 Min. braten. Kurz vor dem Bratende die Pfanne mit einem Deckel abdecken, damit der Käse besser schmilzt.

Steaks auf den Tellern anrichten, Saucen nach Belieben. Dazu passen natürlich auch ein frischer Salat und Pommes Frites, wenn der Hunger noch größer ist.

Olgas schnelle Antwort auf Fast-Food!

Olgas Grill-Kassler mit Camembertsauce

Kassler

4 Kassler-Koteletts
oder 1 Kassler-Halsstück

Sauce

1 Becher Sahne
1 kleiner Camembert
Salz
Pfeffer
Muskat
evtl. etwas Milch

Kasslerhalsstück in vier Scheiben schneiden (Kassler-Koteletts) und leicht mit Pfeffer würzen.

Camembert in kleine Stückchen teilen und mit der Sahne in einem Topf langsam erwärmen. Leicht köcheln lassen. Mit einem Stabmixer zu einer sämigen Sauce verquirlen. Mit Salz, Muskat und Pfeffer abschmecken. Eventuell mit etwas Milch verdünnen, damit eine angenehm-cremige Konsistenz entsteht.

Kassler von beiden Seiten in einer Grillpfanne je 3 – 5 Min. braten.

Mit Salzkartoffeln oder Kartoffelpüree anrichten.

Olgas Gruß aus Nordhessen!

Zitronenhühnchen aus der Folie mit Brokkolireis

Hähnchenbrust

- 4 Hahnchenbrustfilets
- 1 Zitrone
- 2 Schalotten
- 200 ml Gemüsebrühe
- 1 El Olivenöl
- 4 Stängel Oregano
- 4 Stängel Estragon
- Salz
- Pfeffer

Brokkolireis

- 250 g Langkornreis
- 300 g Brokkoliröschen
- 2 Knoblauchzehen
- ¾ l Wasser
- Salz

Hähnchenbrüste salzen und pfeffern. Schalotten würfeln und in Olivenöl glasig dünsten. Zitronensaft und Brühe dazugießen und etwas einkochen lassen. 4 Stücke Alufolie, glänzende Seite innen, ausbreiten. Hühnerbrust darauf legen. Mit der Zitronensauce übergießen. Kräuter auflegen und Päckchen verschließen. Im Backofen bei 180 °C ca. 20 Min. garen.

Brokkoliröschen sehr klein schneiden und in Olivenöl anschwitzen. Fein gehackten Knoblauch dazugeben und ½ Min. weiterbraten. Reis dazugeben und umrühren. Nach ca. 1 Min. Wasser und Salz dazugiessen. Bei geschlossenem Deckel und kleiner Hitze ca. 20 Min. köcheln bis der Reis gar ist.

Hähnchen mit der Sauce auf Tellern anrichten. Reis in eine kleine Tasse drücken, und als Kegel neben das Hähnchen stürzen und servieren.

Putenschnitzel im Knuspermantel mit Orangenreis und Orangen-Pfeffersauce

Schnitzel

- 4 Putenschnitzel
- 100 g Cornflakes
- 2 Eier
- ½ Tl Salz
- ½ Tl Pfeffer
- 1Tl Paprikapulver, edelsüß
- 1 El Tomatenmark
- 3 El Wasser
- Mehl

Wasser, Salz, Pfeffer, Paprikapulver mit dem Tomatenmark zu einer Paste verrühren. Die Putenschnitzel von beiden Seiten damit bestreichen. Eier verquirlen, Cornflakes in einem Plastikbeutel mit einem Fleischhammer oder den Händen zerkleinern. Fleischstücke in Mehl wenden, dann durch die Eier ziehen und in den Cornflakesbröseln wenden. Brösel etwas andrücken.

Schnitzel in etwas Öl von beiden Seiten hellbraun braten.

Orangenreis

- 2 Tassen Reis
- 4 Tassen Orangensaft
- 1 Tl Salz

Reis im gesalzenem Orangensaft einmal aufkochen lassen. Dann bei geschlossenem Deckel auf kleiner Hitze garen (ca. 10 – 15 Min.), bis der Reis weich ist und den Orangensaft aufgesogen hat.

Orangen-Pfeffersauce

- 200 ml Sahne
- 200 ml Hühnerbrühe
- 1 Orange
- 1 Tl grüner, eingelegter Pfeffer
- ½ Tl Speisestärke
- Salz
- Pfeffer

Orange auspressen. Brühe mit Sahne und Orangensaft etwas einkochen lassen. Pfefferkörner dazugeben. Mit Salz und Pfeffer würzen. Speisestärke mit etwas Wasser anrühren, in die Sauce geben und einmal aufkochen lassen.

Süße Schnute - die Gute

Olgas Tipps für süße Momente!

Das Leben ist schon heiß genug.

Nach jedem guten Essen
folgt ein Dessert.

Olga zum Vernaschen...

Beeren-Baisertraum

3 Becher Magerjoghurt
1 El Kirschwasser
1 Schale Himbeeren/Erdbeeren oder tiefgekühlte gemischte Beeren
3 Baisers
2 El Honig

Joghurt mit dem Honig und dem Kirschwasser in einer Schüssel verrühren. Die Baisers in einer Tüte mit einem Nudelholz oder Fleischklopfer zu groben Bröseln verarbeiten. Joghurt abwechselnd mit Früchten und Baiserbröseln in ein Glas schichten. Mit Beeren verzieren.

Statt Baisers kann man auch Kekse oder Löffelbisquits verwenden.

Träume müssen nicht immer fett sein – nicht nur süß, sondern auch gesund

Olgas Apfel-Nusspastete

Teig

250 g Mehl
125 g Margarine
80 g Zucker
1 Ei
½ Päckchen Backpulver
1 Päckchen Vanillezucker
ca. 20 cm-Springform

Füllung

50 g Walnüsse
2 El Rosinen
2 El Brandy
1 El Honig
4-5 Äpfel
Weckmehl
Zimt
Zucker

Zutaten zu einem Teig verkneten. In zwei Kugeln aufteilen und ½ Std. kühlstellen.

Rosinen in Brandy einweichen. Eine Teigkugel zwischen zwei Lagen Frischhaltefolie plattdrücken oder ausrollen. Springform mit Teig auslegen. Teigrand hochstehen lassen und überstehende Teigreste abschneiden.

Teigboden mit Weckmehl, Zucker und Zimt bestreuen. Mit Äpfelvierteln belegen. Rosinen, grob gehackte Walnusskerne und Honig über die Äpfel verteilen. Mit etwas Weckmehl und Zimt bestreuen. Teigrand gegen die Äpfel drücken. Zweite Teigkugel ausrollen, runde Teigplatte in Größe der Form ausschneiden und auf die Äpfel legen. Teigdeckel leicht andrücken. Teigdeckel mit einem Messer einstechen damit beim Backen der entstehende Dampf entweichen kann. Ca. 30 Min. bei 180 °C backen. Abkühlen lassen und mit Puderzucker bestäuben.

Mit Vanilleeis servieren.

Tipp:

Für einen großen Kuchen (28 cm Springform) kann die Zutatenmenge einfach verdoppelt werden.

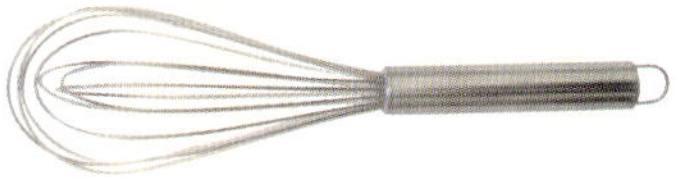

Vanille-Mohn-Safran-Mousse mit Cassisseekirschen

Mousse

250 ml Sahne
150 g weiße Kuvertüre
1 Eigelb und 1 Ei
1 Vanilleschote
20 g Blaumohn
20 g Zucker
10 cl Kirschwasser
50 ml Rotwein
20 ml Cassissee
(Johannisbeerlikör)
1 Blatt Gelatine
0,1 g Safran

Cassisseekirschen

250 g Tiefkühl-Kirschen
80 g Zucker
1 kleine Zimtstange
200 cl Rotwein
100 cl Glühwein
50 cl Cassissee
(Johannisbeerlikör)
1 Tl Speisestärke
10 cl Kirschwasser
1 Zitrone

Blaumohn mit Rotwein, Johannisbeerlikör und der Hälfte des Zuckers einkochen. Sahne steif schlagen und kaltstellen. Kuvertüre schmelzen. Gelatine in kaltem Wasser einweichen.
Eigelb und ein ganzes Ei, den Inhalt der Vanilleschote sowie Safran und den Rest des Zuckers über dem Wasserbad gründlich cremig schlagen. Die geschmolzene Kuvertüre und die weiche Gelatine dazugeben und alles gründlich verrühren. Einen kleinen Teil der Sahne dazugeben um die Masse herunter zu kühlen. Dann die restliche Sahne vorsichtig unterziehen. Mohn und Kirschwasser dazugeben gut verrühren und 24 Std. vor dem Verzehr kaltstellen.

Zucker karamellisieren. Mit Mohn-Rotwein ablöschen. Zitronenschale, Zimtstange und Glühwein dazu geben und alles auf 1/3 einreduzieren lassen. Kirschwasser und Johannisbeerlikör dazugeben und das Ganze mit Stärke andicken. Die Kirschen in die heiße Sauce geben und darin auftauen lassen.

Tipp

Die Stärke bleibt klümpchenfrei, wenn man sie vor der Verwendung in etwas kaltem Wasser auflöst.

Tipp

Der Zucker lässt sich leichter und gleichmäßiger karamellisieren, wenn man ein ganz wenig Wasser dazu gibt.

Tipp

Die Zimtstange und die Zitronenschale vor dem Verzehr entfernen.

Benjamin Paul

Olgas nördliches Highlight

Olgas schnelle Kokostörtchen

4 Eigelb
2 ganze Eier
100 g Zucker
1 El geschmolzene Butter
100 g Kokosraspel
2 El Sahne
1 Tl Esslöffel Vanillezucker

Alle Zutaten in einer Schüssel mit einem Holzlöffel verrühren. Kleine Förmchen oder Espressotässchen buttern und mit Zucker ausstreuen. Jeweils 2 Esslöffel Kokosmasse in die Förmchen einfüllen und in eine Auflaufform mit heißem Wasser stellen (2/3 des Förmchens im Wasser stehend, 1/3 schaut aus dem Wasserbad heraus).

Bei 160 °C ca. 35 min im Ofen stocken lassen. Aus dem Bad nehmen und abkühlen lassen. Mit einem Küchenmesser aus der Form lösen und auf eine Platte stürzen.

Was aus großen Kokosnüssen alles werden kann!

Wenn sich Swing und Evergreens „hallo" sagen, Mackie Messer Harald Juhnke trifft, wenn ein Hauch von Elvis Presley in der Luft liegt und Musik zu etwas ganz Besonderem wird... dann stehen zwei Künstler auf der Bühne, die ihr Publikum verzaubern – THE TENDERS!
Als anfänglicher „Geheimtipp", werden THE TENDERS heute, durch ihre zahlreichen Fans, auf die Bühnen großer Veranstaltungshäuser gebeten. Ihre Musik ist so außergewöhnlich angenehm, wie THE TENDERS selbst.
www.the-tenders.com
The Tenders
Kontakt: Büro Angelika Knüfken
Dorfstraße 36 · 25551 Schlotfeld · Tel.: 0 48 26 – 942 · angelikaknuefken@t-online.de

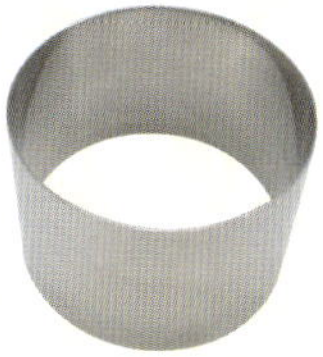

Zarte Kaffeecreme-Türmchen

Boden

½ Rolle Blätterteig

Kaffeecreme

1/8 l starker Kaffee
200 ml Sahne
600 g Zucker
20 g Mehl
1 Eigelb

Sahnecreme

200 ml Sahne
1 Tl Zucker
8-10 Datteln

Mehl mit Zucker vermischen. Mit einem Schneebesen den Kaffee klumpenfrei unterrühren. Unter ständigem Rühren einmal aufkochen lassen. Vom Herd nehmen, das Eigelb untermischen und abkühlen lassen. Immer wieder umrühren damit sich keine Haut bildet. Sahne steif schlagen und in kleinen Portionen unter die Kaffeecreme rühren. 200 ml Sahne mit einem Teelöffel Zucker steif schlagen. Datteln in kleine Stückchen schneiden und unter die süße Sahne heben.

Aus dem Blätterteig mit einem Glas 8 Kreise ausstechen. Bei 200 °C ca. 10 Min. hellbraun backen. Auskühlen lassen. Einen Blätterteigkreis auf einen Teller legen. 2 Esslöffel Kaffeecreme daraufgeben. Zweiten Blätterteig auflegen. Türmchen mit der Dattelsahne abschließen. Teller mit Kakaopulver und kleinen Dattelstückchen verzieren.

Mit Olga kam die Zärtlichkeit!

Baiser-Parfait mit Kompott aus roten Früchten

Parfait

3 Eier
6 El Puderzucker
300 ml Sahne
90 g Baisers
(ca. 5-6 Stück vom Bäcker)

Eier mit dem Puderzucker mit einem Handrührgerät ca. 10 Min. zu einer weißlichen Eimasse aufschlagen. Schlagsahne steif schlagen und vorsichtig mit einem Schneebesen unterheben. Die Baisers in einer Tüte mit einem Nudelholz zu groben Bröseln verarbeiten und unter die Ei-Sahnemasse heben. Eine rechteckige Kuchenform mit Frischhaltefolie auslegen und die Masse einfüllen. Im Tiefkühlschrank ca. 5 Stunden fest gefrieren lassen. Zum Servieren in Scheiben oder längliche Riegel schneiden.

Kompott

300 g Beeren nach Belieben (Schwarze und rote Johannisbeeren, Heidelbeeren, Brombeeren, Himbeeren, etc.) frisch oder tiefgekühlt
½ Zitrone
3 El Honig

Honig mit dem Saft der Zitrone verrühren und unter die Beeren mischen. Einmal kurz aufkochen lassen.

Parfait auf dem Kompott anrichten.

Beschwipste Himbeermousse

1 Päckchen weisse Gelatine
400 g tiefgefrorene Himbeeren
2 El Himbeergeist
50 g Zucker
100 g Schmand
200 g Sahne

Gelatine in etwas kaltem Wasser einweichen bzw. quellen lassen. Die Beeren mit dem Zucker ca. 10 Min. köcheln lassen. Durch ein Sieb streichen um die Körnchen zu entfernen. Gelatine in der heißen Beerenmasse auflösen. Etwas abkühlen lassen und den Schmand und den Himbeergeist unterrühren. Sahne steif schlagen und mit einem Schneebesen unter die abgekühlte Beeren-Schmandmasse heben.

Die Creme in kleine Schälchen füllen und einige Stunden kalt stellen. Oder die Mousse in einer Schüssel festwerden lassen, zum Servieren mit einem Esslöffel Nocken formen und auf Tellern anrichten.

Nach Belieben mit Minzeblatt, einem Waffelröllchen, Schokostücken etc. dekorieren.

Heute mal die Himbeeren beschwipst!

Olgas kleine Schwarzwälder-Kirschtorte

Boden

- 4 Eier
- 4 El Zucker
- 4 Tl Wasser
- 1 Päckchen Vanillezucker
- 100 g Mehl
- 1 Prise Salz
- 2 gehäufte El Kakao
- 1 Tl Backpulver
- 4-6 El Kirschwasser

Belag

- 1 Glas Schattenmorellen (Sauerkirschen)
- 4 Tl Kartoffelstärke
- 1 El Zucker
- 2 El Kirschwasser

- 600 ml Schlagsahne
- 3 Tl Zucker

Schokostreusel

20 cm-Springform

Eier trennen. Eiweiß mit Salz steif schlagen, Eigelbe mit Zucker und Wasser schaumig rühren. Mehl mit Backpulver und Kakao mischen, sieben und mit der Eigelbmasse vorsichtig vermischen. Eiweiß mit einem Schneebesen unter die Schokomasse heben. Schokoteigmasse in eine kleine 20 cm-Springform füllen, im vorgeheizten Backofen bei 180 °C ca. 30 Min. backen. Tortenboden in der Form erkalten lassen. Vor dem Füllen den Boden quer in drei Teile durchschneiden. Jede Tortenbodenscheibe mit ordentlich Kirschwasser beträufeln.

Kirschen abtropfen lassen, Saft in auffangen. 6–10 schöne Kirschen für die Dekoration zur Seite legen. Stärke mit etwas Saft glatt rühren. Saft mit Zucker und Stärke zum Kochen bringen. Unter Rühren etwas köcheln lassen bis die Sauce dicklich wird. Vom Herd nehmen und Kirschwasser und Kirschen unterrühren. Abkühlen lassen.

Sahne mit Zucker steif schlagen. Ersten Tortenboden mit der Kirschmasse bestreichen. Zweiten Tortenboden auflegen. Ca. 1/3 der Schlagsahne auf dem Boden verstreichen. Deckel auflegen und mit 1/3 der Sahne bestreichen, glatt streichen. Seiten der Torte mit Sahne bestreichen. Mit Sahnetupfern und Kirschen verzieren. Mit Schokostreuseln den „letzten Schliff" geben.

Olgas Karottenkuchen

2 Eier
2/3 Becher Öl
2 Becher Mehl
1 Becher Zucker
1 Becher gemahlene Mandeln
2 Becher geraspelte Karotten
1 Päckchen Backpulver
1 Msp. gemahlener Ingwer
½ Tl Salz
½ Tl Zimt

Als Bechermaß für Mehl, Zucker etc. einen Joghurt- oder Sahnebecher (200 ml) verwenden.

Karotten schälen und grob raspeln. Die Eier in einer großen Schüssel gut verschlagen. Alle anderen Zutaten dazugeben und mit einem Kochlöffel so lange durchrühren, bis eine gleichmäßige Masse entsteht.

Den Teig in die Springform (24 cm – 26 cm) geben und bei 170 °C ca. 60 Min. backen. Stäbchenprobe machen, ob der Kuchen durchgebacken ist.

Möhrchen auf die beste Art

Olgas Schokokuchen

- 1 Becher Sauerrahm (200 ml)
- 3 Eier
- 1 Becher Zucker
- 1 Becher Mehl
- 1 Becher Kakaopulver
- ½ Becher Öl
- 1 Becher gemahlene Haselnüsse
- 1 Päckchen Backpulver

Der Sauerrahmbecher dient als Maß für die weiteren Zutaten. Die Eier mit dem Zucker sehr schaumig rühren. Die restlichen Zutaten nach und nach hinzufügen und immer weiterrühren. Die Masse in eine gefettete und bemehlte Kastenform einfüllen. Bei 180 °C ca. 40 – 45 Min. backen. Stäbchenprobe machen, ob der Kuchen durchgebacken ist. Nach dem Abkühlen mit Schokoglasur überziehen. Für besondere Draufgänger in die flüssige Schokolade noch Smarties einlegen.

Hier ist nicht nur die Olga bunt!

Olgas Cornflakes-Knusperkuchen

Boden

1 Becher Sahne (200 ml)
1 Becher Zucker
2 Becher Mehl
4 Eier
1 Päckchen Vanillezucker
1 Päckchen Backpulver

Belag

125 g Butter
1 Becher Mandelstifte
oder -blättchen
1 Becher Zucker
2 Becher Cornflakes
4 El Milch

Sahne, Vanillezucker, Eier und Zucker verrühren. Mehl und Backpulver dazusieben und mit einem Schneebesen unterheben.
Den Teig auf ein mit Backpapier ausgelegtes Backblech streichen und bei 200 °C 10 Min. backen.

Butter schmelzen und mit Mandeln, Zucker, Cornflakes und Milch verrühren. Cornflakesmasse auf den vorgebackenen Kuchen geben und weitere 15 Min. backen. Stäbchenprobe machen.

Orange

Spanisch-fruchtiger Orangenkuchen

Teig

1 Becher Joghurt (200 ml)
1 Becher Zucker
3 Eier
2 Becher Mehl
1 Päckchen Backpulver
½ Glas Orangen-Marmelade
1 Dose Mandarinen

Joghurt, Zucker und Eier miteinander glattrühren. Mehl und Backpulver hinzufügen und alles zu einem glatten Teig verarbeiten. Mandarinen abtropfen lassen, etwas Saft aufheben. Orangenmarmelade unter den Teig rühren, zum Schluß die abgetropften Mandarinen vorsichtig unterheben. Den Teig in eine Springform (26 cm – 28 cm) füllen und bei 180 °C ca. 30 Min. backen. Stäbchenprobe machen, ob der Kuchen durch gebacken ist.

Guss

1 El Orangenmarmelade
1 Schnapsglas (2 cl)
Mandarinensaft

Die restliche Marmelade mit dem Mandarinensaft glattrühren. Den Kuchen aus dem Backofen nehmen, sofort mit der Marmelade bestreichen und auskühlen lassen. Nach Belieben vor dem Servieren mit dünnen Orangenscheiben verzieren.

Ananas-Kokoskuchen

Boden

1 Becher Schlagsahne (200 ml)
1 Becher Zucker
1 Päckchen Vanillezucker
3 Eier
2 Becher Mehl
1 Päckchen Backpulver

Belag

2 Becher Kokosraspel
125 g Butter
1 Becher Zucker
3 El Milch
1 kleine Dose Ananas

Sahne steif schlagen, dabei Zucker und Vanillezucker einrieseln lassen. Eier nach und nach unterrühren. Mehl und Backpulver mischen und unter die Sahnemasse heben. Teig auf ein mit Backpapier ausgelegtes Backblech streichen. Im vorgeheizten Backofen bei 180 °C ca. 15 Min. vorbacken. Kokosraspel in einer Pfanne ohne Fett goldgelb rösten. Butter, Zucker und Milch aufkochen, geröstete Kokosraspel unterheben und den Topf vom Herd nehmen. Ananas abtropfen lassen, fein schneiden und unter die Kokosmasse rühren.

Belag vorsichtig auf den vorgebackenen Teig streichen und weitere 15 – 20 Min. backen bis eine hellbraune Karamel-Kokosschicht entstanden ist.

Eva, eine vom temperamentvollen, vierblättrigen Kleeblatt der Jacobs Sisters, hat außer Ihrer singenden Leidenschaft eine große – Ihren Liebling Leslie.

Für ihn läßt sie alles liegen und stehen und greift zum Rührlöffel um ihm selbstgemachte Herzkekse zu kredenzen. Denn sie weiß ganz genau was Leslies Hundherz erfreut.

Leslie weiß dies zu schätzen und trällert ihr ein Liedchen vor!

juliane.singh@t-online.de

Eva Jacob und Leslie

Kontakt: Juliane Singh · Bischof-Kaiser-Str. 5b · D – 63165 Mühlheim am Main
Tel. 06108 – 82 33 97 · 0175 – 56 15 440

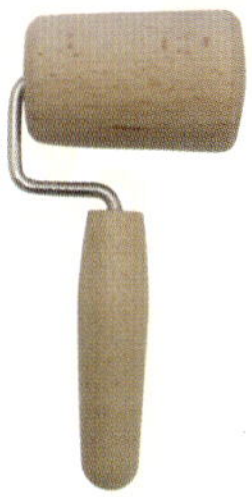

Evas Herzileins *(Hundekekse)*

6 Markknochen, ca. 3-5 cm dick
(ca. 100 g Rindermark)
1 Tl Olivenöl
200 g Weizenmehl
1-2 El Wasser
5-8 Minzeblätter

Das Rindermark aus den Knochen auslösen. Minzeblätter fein hacken. Alle Zutaten in einer Schüssel zu einem festen Teig verkneten. Auf einer bemehlten Arbeitsfläche 0,5 cm dick ausrollen. Mit einem Ausstecher kleine Herzen ausstechen.

Bei 160 °C ca. 30 Min. backen, bis die Kekse hellbraun sind. Im Ofen bei geöffneter Ofentür auf einem Kuchengitter gut nachtrocknen lassen.

In Offenbach und Mühlheim Main gibt es eine verrückte Szene lockerer Typen. Guter Dinge sind sie alle, aber vom anderen Ufer sind sie auch. So entstand in Mühlheim schon in den 70ern das Travestietheater "Gerdas kleine Weltbühne" und irgendwann auch das Cafe Orange in Offenbach. Da trafen sie sich dann alle. Die Gerda (Ballon), die Jutta und alle anderen Gleichartigen oder auch nicht. Geführt wurde das Cafe von dem jungen göttlichen Thomas Rau, der mit Begeisterung und Überzeugung dabei war, denn er war schon immer ein bisschen Olga und noch viel mehr orange.

www.olgaorange.de

Olga Orange

Kontakt: Petra Rauh · wunschtraummacher GbR Künstler- und Eventmanagement
Alpenstr. 8 · 63811 Stockstadt · Tel. 0172 - 77 85 363 · info@olgaorange.de

Olgas Thunfisch-Rollen *(Hundekekse)*

Teig

150 g Vollkornmehl
1 El Speisestärke
50 ml Wasser, 1 Prise Salz
Öl einer Dose Thunfisch
(180 g Dosen-Füllgewicht)

Alle Zutaten zu einem festen Teig verkneten. ½ Stunde in Plastikfolie eingeschlagen im Kühlschrank ruhen lassen.

Thunfischfüllung

1 Dose Thunfisch, abgetropft
1 Ei
1 El Speisestärke

Alle Zutaten zu einem festen Teig verkneten. ½ Stunde in Plastikfolie eingeschlagen im Kühlschrank ruhen lassen. Die Zutaten für die Thunfisch-Füllung im Mixer oder mit einem Pürierstab zu einer homogenen Masse verarbeiten. Den Teig mit einem Wellholz auf einer bemehlten Fläche zu einem Rechteck dünn ausrollen. Die Füllung auf der Teigplatte verteilen. Einen schmalen Streifen am Ende der Teigplatte nicht mit der Füllung belegen. Den freien Teigrand mit Wasser befeuchten. Die Teigplatte zu einer festen Roulade aufrollen und das Teigende gut andrücken.

Die Rolle mit einem scharfen Messer in 0,5 cm dicke Stücke schneiden. Auf einem mit Backpapier belegten Blech bei 160 °C ca. 40 Min. backen. Danach im ausgeschalteten Backofen, am besten über Nacht, weiter trocknen lassen. Kekse im Kühlschrank aufbewahren.

Olga auf den Hund gekommen!